Armin Haiderer
WEIHNACHTEN AUF DER SPUR

Armin Haiderer

WEIHNACHTEN AUF DER SPUR

Bräuche und Feiern in Niederösterreich

Impressum

Alle Rechte vorbehalten
© Kral GmbH, Kral Verlag (Inh. Robert Ivancich)
J. F. Kennedyplatz 2, 2560 Berndorf, Tel.: +43 660 – 435 76 04
E-mail: office@kral-verlag.at, www.kral-verlag.at

Bildnachweise:
Armin Haiderer: Seite 10, 12, 14/15, 20, 27, 30, 46/47, 52, 64, 70/71, 76, 92, 94, 95, 97, 114 (2x), 122, 126/127, 141, 142, 149, 150/151, 162, 174 (2x), 178 links, 190/191, 196, 200, 204
Wolfgang Zarl: Seite 8/9, 24, 92 rechts, 101, 156 rechts, 172 (2x), 178 rechts, 210/11
Dorfverschönerungsverein Hollenthon: 44, 49, 156 links
Titel istockphoto

Lektorat: Johanna Prokopp

Umschlag und Buchgestaltung: Tina Gerstenmayer,
D&K Publishing Service, Wien | www.dkwp.at
Schrift: Candara ·

Erschienen in Berndorf im Herbst 2018
ISBN 978-3-99024-792-1
Erste Auflage / Gedruckt in der EU

INHALT

VORWORTE ZUM BUCH 6

WEIHNACHTEN VORBEREITEN 8
DER ADVENT 10 | Die Sache mit der Weihnachtsstimmung oder wozu
der Advent da ist 10 | Fasten? 13

WEIHNACHTEN SPÜREN 14
BRÄUCHE, RITUALE UND FESTE 16 | Bräuche in der Weihnachts- und Adventzeit 19
Der Christbaum 28 | Weihnachtsbräuche in aller Welt 40
Der Mythos von den weißen Weihnachten 43

WEIHNACHTEN EINORDNEN 46
DAS DATUM UND MÖGLICHE VORGÄNGER 48 | Weihnachten im
Frühchristentum 48 | Sol invictus: Vorbild, Konkurrent oder weder noch? 53
Weihnachten setzt sich durch 61 | Doch nur die christliche Version
eines germanischen Festes? 66

WEIHNACHTEN BE-GREIFEN 70
WAS SO ALLES ZU EINER KRIPPE GEHÖRT 72 | Die Krippe 72
Eine Kurzgeschichte der Weihnachtsdarstellungen 74
Das Kindlein oder: „Gott wird Mensch ..." 78 | Maria 79 | Josef 85
Was eine besondere Familie ausmacht 86 | Tiere an der Krippe 89
Engel: Boten mit Angstfaktor 93 | Hirten: Die ersten Zeugen 95 | Der Stern 97
Heilig? Drei? Könige? Oder: Wer von den Dreien ist der Schwarze? 106
Bethlehem 122

WEIHNACHTEN LESEN 126
DIE EVANGELIEN 128 | Weihnachten wie es im Buche steht 128
Lukas – der große Provokateur 130 | Matthäus – Auf zu den Heiden! 138
Der Messias 144 | Ein kleiner Vergleich 146

WEIHNACHTEN FEIERN 150
DIE VERSCHIEDENEN FEIERFORMEN 152 | Der eigentliche Feiergrund 152
Mit wem feiern? 157 | Weihnachen – ein Fest für alle Sinne 166
Weihnachten bei den Profis 175 | Weihnachten – nicht für alle 181
„Bitte nicht" – Anleitung zum Weihnachtsdesaster 187

WEIHNACHTEN AUSPACKEN 190
GESCHENKE 192 | Von der Kraft des Schenkens 192 | Die Gabenbringer 199

WEIHNACHTEN NACHFEIERN 210
DIE WEIHNACHTSFEIERTAGE 212 | 26. Dezember: Stephanitag 212
28. Dezember: Tag der unschuldigen Kinder 214 | 31. Dezember: Silvester 214
1. Jänner: Neujahr und Maria 218 | Anfang Jänner: Die Sternsinger 218

Von Weihnachten geht eine große Faszination aus. Wir gehen auf dieses Fest zu, in einer Zeit voller Sehnsüchte, Erwartungen und Gefühle. Es ist eine Zeit voller Herausforderungen. Es geht in der Botschaft von Weihnachten um eine Botschaft vom Leben. Gott kommt, nicht in eine perfekte Welt und zu vollkommenen Menschen, er kommt zu den Armen und denen, die nicht alles haben.

In einem Stall wird ein Kind geboren, seine Eltern fanden keine Herberge, es wird bestaunt von Hirten. Heute noch feiern wir diese Geburt des Kindes von Bethlehem. Das Kind kam von Gott und ist der menschgewordene Gott. Manchmal sind wir geneigt zu glauben, dass die großen Dinge des Lebens einen perfekten Rahmen brauchen um zu gelingen. Günstige Umstände, ein Überschuss an Ressourcen aber dies ist oft nicht so.

Das wirklich Wertvolle entsteht aus unvollkommenen und manchmal schwierigen Umständen. Zu Weihnachten bekommt die Liebe Gottes im Kind von Bethlehem ein Gesicht. Dieses Kind zeigt der Menschheit, dass Menschsein weder berechenbar noch berechnend ist. Menschsein bedeutet bedingungslos geliebt zu sein, von einem Gott, der selber das Gesicht eines Kindes trägt und das Risiko der menschlichen Verletzlichkeit eingeht. Zu dieser tiefen inneren Gottesbeziehung führt Sie dieses Buch und hilft Ihnen, Wege zu diesem großen Ereignis von Weihnachten zu finden. Gott hat uns mit dem Weihnachtsfest so etwas wie ein Weltkulturerbe geschenkt, das gläubige wie nicht gottverbundene Menschen gleichermaßen anzieht und einen Sehnsuchtsraum nach Leben und Liebe eröffnet.

Dankbar gratuliere ich zu dem vorliegenden Werk und ich begleite Sie mit meinen Wünschen zu einem tiefen Erlebnis von Weihnachten.

Dr. Alois Schwarz
Bischof der Diözese St. Pölten

Seit 15 Jahren erstellt die Katholische Aktion für groß und klein, alt und jung, Familie oder Single jährlich neu einen kleinen Flyer für die Feier des Heiligen Abends. Er enthält die wichtigsten Bibelstellen, Gedanken, Gebete und Lieder, auf die man schnell zugreifen kann. Der Vertriebsweg ist so einfach wie genial: In Zusammenarbeit mit den NÖ Christbaumverkäufern werden sie gratis an die Kunden verschenkt. 60.000 Stück gehen jährlich weg wie die warmen Semmeln, die Katholische Aktion hat damit scheinbar einen Nerv getroffen.

Die vielen positiven Rückmeldungen haben uns zu diesem Buch ermutigt.

Eines ist klar: Weihnachten lässt auch in Niederösterreich niemanden kalt. Die Sehnsucht danach ist groß. Doch der Sinn dieses Festes, der Bräuche, Texte und Rituale ist vielen heute nicht mehr bekannt. Begeben Sie sich auf eine Reise zu den weihnachtlichen Hintergründen. Dann feiern Sie Weihnachten ohne auf dem Parkett der unerfüllten Hoffnungen, leeren Floskeln und starren Traditionen auszurutschen.

Übrigens setzt sich die Katholische Aktion aus verschiedenen Bewegungen zusammen: Katholische Jungschar – Katholische Jugend – Katholische Frauenbewegung – Katholische Männerbewegung – Katholische ArbeitnehmerInnen Bewegung – Katholischer AkademikerInnen Verband – Diözesan Sport Gemeinschaft. Unter dem Motto: „Miteinander als Christinnen und Christen unterwegs" wünschen wir Ihnen ein erfülltes Weihnachtsfest.

Dipl. Geol. Axel Isenbart
Generalsekretär Katholische Aktion

WEIHNACHTEN VORBEREITEN

DER ADVENT

DER ADVENT

Schauen wir in die Bibel, so finden wir für die Adventzeit eigentlich kein Vorbild. Früheste Zeugnisse von einer Vorweihnachtszeit gibt im 5. Jahrhundert in Spanien und Gallien. So ordnete Bischof Perpetuus von Tours (gestorben 490) vom 11. November dem Fest des heiligen Martins bis zum 25. Dezember eine Fastenzeit an, die drei Mal pro Woche gehalten werden sollte. Sehr bald nach Einführung des Weihnachtsfestes gab es schon die ersten Adventliturgien, in denen immer die Erwartung der Geburt im Zentrum stand. Der Brauch der Einschränkung auf vier Adventsonntage setzte sich erst im 12. Jahrhundert durch.

Der lateinische Begriff für Advent ist „adventus" und eine Übersetzung des griechischen „epiphania". Die Dauer des Advents heute variiert immer. Er kann ganze vier Wochen dauern oder auch nur drei Wochen.

DIE SACHE MIT DER WEIHNACHTSSTIMMUNG ODER WOZU DER ADVENT DA IST

Eine Vorbereitung auf Weihnachten ist unabdingbar, gerade weil Weihnachten eine Begegnung mit Gott ist. Die unglaubliche Sehnsucht, die der Advent schon seit vielen Jahrhunderten ausübt, wird heute aber immer wieder enttäuscht. Und doch gibt es so viele Wegmarken entlang des Advents, die uns das bewusste Erleben erleichtern. Die Kirchen haben in den letzten Jahren die Roratemessen ganz neu als gute Möglichkeit entdeckt, Menschen anzusprechen. Der bewusste Verzicht auf jedwedes elektrisches Licht sorgt für eine ganz eigentümliche Stimmung und der oft sehr gute Besuch an diesen Gottesdiensten drückt diese Sehnsucht nach Schlichtheit und Einfachheit in unserer Zeit aus. Der Ausspruch „Rorate Caeli" also „Tauet, Himmel (den Gerechten)" geht auf den Propheten Jesaja zurück und damit auf die Sehnsucht des Volkes Israels nach dem Erscheinen des Messias. Diese Form der Messe ist seit der zweiten Hälfte des 15. Jahrhunderts nachgewiesen.

Spätestens mit der Adventzeit sind die Zeitungen wieder voll mit Tipps zur Stressreduktion und wie man Advent begehen sollte. Denn eines ist klar: Der Stresspegel in der stillsten Zeit des Jahres geht noch einmal massiv, zum ohnehin meist beachtlichen Niveau, in die Höhe. Die Adventszeit ist eine der schnelllebigsten des ganzen Jahres und damit natürlich auch einer der hektischsten. Tatsächlich müssen wir alles, wofür wir in den restlichen 11 Monaten beruflich und privat meist 5 Wochen Zeit gehabt haben, nun schon in vier unterbringen und noch dazu ein großes Fest mit allem was dazu gehört vorbereiten. Über Stress in der Zeit zwischen Weihnachten und Neujahr klagt demnach logischerweise niemand mehr. Es überrascht daher auch nicht, dass im Zuge des erhöhten Stresspegels die Adventszeit auch rasend schnell wieder vorbeigeht. Im Stress zu sein verleiht ein wenig Wichtigkeit. Wer viel zu tun hat, ist gefragt, ist bedeutend. Die Begegnungen, Treffen und Gespräche werden zu Terminen und haben oft nur den Zweck einfach abgehakt zu werden. Für manche fallen die ganzen vier Adventwochen auf einen Tag ganz kurz vor dem großen Fest zusammen: Alle Geschenke kaufen und irgendwie noch schnell in Weihnachtsstimmung kommen. Während Kindern die Adventszeit gar nicht schnell genug vorbei gehen kann und zu lange dauert, ist uns Erwachsenen dieser Dezember meistens viel zu kurz.

Dass die permanente Reizüberflutung gerade zu dieser Zeit, gepaart mit Leistungsdruck unter verkürzter Arbeitszeit bei der gleichzeitig das Arbeitspensum nicht weniger wird, zu negativen Folgen für Gesundheit von Körper und Geist führt, ist hinlänglich bekannt. Derweil wäre gerade die Adventszeit geschaffen, um dem entgegenzuwirken.

Denn der Advent ist eine Zeit des Wartens, was wir allerdings größtenteils verlernt haben. Die Stille im Advent wieder zu genießen und vielleicht im Alleinsein wieder mehr zu sich und zu seiner Mitte zu finden, ist ganz sicher eine der ureigensten Ideen der Adventszeit. Dem eigentlichen Sinn des Advents kommt man tatsächlich dann auf die Spur, wenn man die Stille nicht nur in seiner Umgebung pflegt, sondern auch im eigenen Herzen. Denn nur in dieser Stille hört man Gott in seinem Leben, wird man achtsam für Gottes Gegenwart.

Schon sehr bald bereiteten sich die Christen im Frühmittelalter in der Adventszeit auch in Form von Kontemplation vor. Durch die teilweise massive Weihnachtsbeleuchtung, die überall aufgehängt wird, gibt es kaum mehr den richtig dunklen Advent. Alles ist erleuchtet. Hier wäre es vielleicht nicht schlecht einmal einen Kontrapunkt zu setzen und die Dunkelheit auch in den eigenen vier Wänden ganz bewusst wahrzunehmen und in Kauf zu nehmen. Vor allem die Beleuchtung nur durch Kerzenlicht ist ein ultimativer Stimmungsmacher. Und so plädiere ich ganz stark für eine bewusste Wahrnehmung der Adventszeit. Hier bieten sich das gemeinsame Entzünden der Adventskerzen im Familienkreis zu Frühstück und Abendessen sehr gut an, verbunden mit dem einen oder anderen Gebet. Gebet? Nicht wenige Familien sind gar nicht mehr so fit was Gebete betrifft. Doch auch das ist eine Tätigkeit, die man wie alle anderen auch lernen muss und kann und darf und soll.

Fasten?

Man vermutet es kaum, aber die Adventszeit war einmal eine Fastenzeit. Es wäre vielleicht einmal eine mutige Möglichkeit, diese Tradition zu reaktivieren. Es muss ja beim Adventmarkt nicht immer die Burenwurst und der 10. Glühwein sein, der ohnehin qualitativ oft nur aus zu viel Zucker, Alkohol und etwas Wasser besteht. Es ist gerade der bewusste Verzicht, der dann dem Fest auf den eine Fastenzeit zugeht, eine noch größere, mitunter auch leiblich-sinnliche Bedeutung gibt. Das ist bei Ostern traditionellerweise der Fall, für Weihnachten ist diese Idee auch nicht so abwegig.

Fleißige Kirchgänger sehen, dass die liturgische Farbe im Advent, genauso wie in der vorösterlichen Fastenzeit, violett ist. Eine eigene Fastenzeit im Advent ist sicherlich eine neue Herausforderung, da die Versuchungen ungleich größer sind als in der allgemein üblichen Fastenzeit im Frühjahr. Auf der anderen Seite dauert die Adventszeit aber auch nur halb so lang wie jene.

Diese Fastenzeit kann dazu einladen, dass wir das alltägliche „zu viel" reduzieren: Termine, Essen, Arbeit. Dies sagt und schreibt sich natürlich so leicht in einer Zeit, in der die ganze Welt um uns hektisch wird. Aber Franz von Sales wird Folgendes in den Mund gelegt: „Meditiere jeden Tag eine Stunde. Außer wenn du viel zu tun hast. Dann meditiere zwei Stunden."

WEIHNACHTEN SPÜREN

BRÄUCHE, RITUALE UND FESTE

BRÄUCHE, RITUALE UND FESTE

Schon seit Menschengedenken geht die Frage nach dem Sinn des Lebens einher mit der Gestaltung von immer wiederkehrenden Ereignissen während des Jahres. So entstehen in allen Kulturen Jahresfestkreise. Bei uns am dominantesten ist freilich das Kirchenjahr. Sehr viele Ferien und Feiertage (in Österreich alle bis auf zwei) richten sich nach diesem Kirchenjahr aus.

Ein Ritual ist eine Handlung, die einen starken symbolischen Wert hat. Eine allgemein verbindliche Vorgabe gibt es hier nicht. Der Alltag wird von den meisten Menschen als sehr stressig empfunden, Rituale schaffen hier Inseln der persönlichen Freiheit und lassen uns sehr gut zur Ruhe kommen. Dass gerade Kinder Rituale brauchen, ist ja mittlerweile schon ein alter aber umso besser sitzender Hut der Pädagogik. Rituale sind gewissermaßen Wegweiser fürs Leben, die entscheidende und meistens gute Erinnerungen in unserem Leben erst ermöglichen. Gerade durch Rituale spürt der Mensch, dass er nicht allein ist, denn fast alle großen Rituale werden in Gemeinschaft vollzogen. Rituale helfen sowohl Kindern aber auch Erwachsenen beim Zurechtfinden in unserer Welt und geben eine sichere Basis und Halt. Sie geben die Möglichkeit, überlieferte Werte und Ansichten neu zu entdecken und zu interpretieren und den Sinn dahinter kreativ zu erkunden. Wie alle Tätigkeiten im Leben so brauchen Rituale eine gewisse Form der Einübung. Kinder sind in Sachen Rituale extrem hartnäckig. Nicht nur einmal kommt es vor, dass sie mitunter dieselbe Gute-Nacht-Geschichte vier bis fünf Mal hintereinander hören wollen. Sie fordern es vor allem auch deshalb ein, weil es ihnen ein Gefühl der Geborgenheit gibt. Dies ist jenes Gefühl, auf dass wir viele Jahre später zurückblicken und uns denken: „Die Kindheit war irgendwie die schönste und wärmste und eben geborgenste Zeit meines Lebens." Daran haben Rituale und Feste einen ganz besonderen Anteil.

Ein Ritual kann auch etwas sehr Persönliches sein, das man selbst schaffen kann und in seinen Alltag einbaut. Sehr oft prägen Bräuche und Rituale Übergänge in unserem Leben: bei der Geburt, beim Erwachsenwerden, bei der Heirat, beim Kinder bekommen, beim Tod.

Der Brauch wird im Unterschied zum Ritual immer innerhalb einer Gemeinschaft ausgeübt, er ist also öffentlich. Brauch kommt ja von „brauchen", und das nicht von ungefähr. Denn wir brauchen Bräuche, sie sind identitätsstiftend und nur im gemeinsamen Handeln erlebbar. Eine Einzelperson für sich kann keinen Brauch schaffen. Sie stärken die Gemeinschaft und regen zu neuem gemeinschaftlichen Handeln an. Natürlich sind Bräuche auch nichts Statisches, sie sind zwar geschichtlich gewachsen, allerdings auch immer wieder neu interpretierbar. Dies ist notwendig, damit sie lebendig bleiben. Brauchtum ist etwas regional höchst Unterschiedliches, auch an Niederösterreich sind sehr schöne Weihnachtsbräuche nicht vorübergegangen.

Das Fest strukturiert ebenso unsere Zeit und gibt so auch einen Rhythmus vor. Sofern wir noch ein bisschen kirchlich sozialisiert sind, ist der kirchliche Jahreskreis mit seinen wiederkehrenden Festen etwas enorm Wertvolles. Doch selbst nicht religiös sozialisierte Menschen, ja sogar explizite Atheisten können sich dem nicht gänzlich entziehen. Denn Weihnachten feiern alle, Ostern die meisten und Weihnachts- und Osterferien sowie Pfingstferien und gewisse religiöse Feiertage nimmt man auch bereitwillig in Kauf. Und ich kenne kaum einen Atheisten, der sein Kind nicht auch irgendwie an einer Nikolausfeier teilnehmen lassen möchte. Wir kommen kirchlich geprägten Festen also (zum Glück) nicht aus.

Was macht so ein Fest nun besonders? Es ist z. B. der bereits bekannte Ablauf. Das Wiedererkennen des Üblichen erzeugt ein Gefühl von Vertrautheit und Verlässlichkeit. Das kann letztendlich zur Geborgenheit führen. Feste haben meist einen inneren Wert an sich, im Zentrum steht aber meist die Unterhaltung. Eine Feier im Gegensatz dazu lebt vom mitunter stillen, auf jeden Fall aber auch persönlichem Charakter.

Die Bedeutung eines Festes wird in der Abgrenzung zum Alltag offensichtlich. Denn Feste sind eben kein Alltag – sie durchbrechen diesen gewissermaßen. Sie unterbrechen die Routine und sorgen, wenn sie wiederkommen, für eine Struktur im Ablauf der Zeit. Gerade dadurch bleiben uns aber gerade die Feste in Erinnerung und eben nicht der Alltag. Oder wissen Sie, was Sie an einem beliebigen Dienstag im März gemacht haben? Eher erinnern sie sich an das letzte Osterfest.

Feste sind auch darauf ausgelegt, dass man sie nicht alleine feiert. Gerade dadurch erhalten sie auch einen Mehrwert. Dies gilt für Weihnachten über alle Maßen. Daher ist es auf der anderen Seite aber umso tragischer wenn dieser Mehrwert durch Gemeinschaft nicht gegeben ist. Ein Fest ist greifbar etwa durch Geschenke, dass es spezielle vielleicht aufwendige Speisen gibt, die auch noch die Nase in Freude versetzen. Aber es gibt auch andere Düfte, wie den beliebten Weihrauch. Feste sind auf jeden Fall auch hörbar durch bestimmte Formen der Musik und sichtbar durch eine bestimmte Kleidung, die sich auch vom Alltag abhebt oder auch durch verschiedene Dekorationen.

Bräuche sind wie Rituale und Feste wie ein Geländer an dem man sich festhalten kann, wenn man die steilen Stufen des Lebens erklimmt. Sie geben auch deswegen so große Sicherheit, weil man genau weiß, was man erwarten kann und wann man das erwarten kann. Auf der anderen Seite soll nicht unerwähnt bleiben, dass sie alle sehr hohl und oberflächlich bleiben können, nämlich dann wenn der Sinn verloren geht, wenn man nicht mehr weiß, warum man es eigentlich so macht. Nicht zuletzt diese Tatsache ist ein Grund für dieses Buch.

Bräuche in der Weihnachts- und Adventzeit

Bei den populärsten Bräuchen haben wir irgendwie das Gefühl, dass sie sehr alt und ehrwürdig sind – umgibt sie doch der Nimbus des Mystischen und Zeremoniellen. Etwa wenn man einen Adventkranz entzündet. Die meisten Bräuche sind tatsächlich sehr jung, allen voran der Adventkranz, der Adventkalender oder der Christbaum. Doch die Grundprinzipien dahinter, nämlich die Hoffnung, die sie ausdrücken und das Zusammenspiel von Licht und Finsternis – diese sind so alt wie die Menschen selbst. Die klassischen Weihnachtsbräuche, die noch ausgeübt werden, sind letztlich in ganz Niederösterreich sehr ähnlich, aber natürlich gibt es einige regionale Besonderheiten und Einfärbungen.

Räuchern

Kaum jemand kann sich den Sinnesreizen von Weihnachten entziehen und da spielt auch das olfaktorische Erleben eine wesentliche Rolle. Ein Einsatz und damit der Geruch von Weihrauch gehört für viele Menschen einfach zu Weihnachten dazu. Kein Wunder, verleiht er doch den eigenen vier Wänden etwas Sakrales, das sonst nur in der Kirche festzumachen ist. So ist das Ausräuchern vor allem am Land gerade zwischen den Festtagen oder etwa in der Thomasnacht am 21. Dezember ein fixer Bestandteil.

Wie alt das Räuchern ist, darüber kann man nur spekulieren, wahrscheinlich geht es bis weit in die Steinzeit zurück und diente ursprünglich vermutlich auch zur Abwehr von Unheil und bösen Geistern, eventuell auch zur Reinigung, da der Rauch von gewissen Pflanzen Krankheitserreger abtötet und desinfiziert. Dessen war man sich sicher auch schon lange vor Christus bewusst, aber natürlich ist das Räuchern auch schon biblisch belegt. Dass vor allem Weihrauch auch einen medizinischen Nutzen hat, ist nicht erst seit gestern bekannt, die Erforschung des Harzes nimmt aber gerade in den letzten Jahren stark zu. Durch Boswellia-Säu-

Nicht zuletzt mit dem Weihrauch kann man sich viel von der weihnachtlichen Stimmung in die eigenen vier Wände holen.

ren wirkt er nämlich entzündungshemmend und hat darüber hinaus noch eine beruhigende Wirkung. Unter Energetikern ist das Räuchern übrigens als hervorragendes Arbeitsmittel gegen negative Energien bzw. Schwingungen bekannt. Tatsächlich sollen sie auch emotional positiv beeinflussen und das Immunsystem stärken sowie die Konzentration fördern. Selbstverständlich ist das Räuchern allerdings nicht nur eine christliche Tradition. In allen Hochkulturen wird geräuchert was das Zeug hält, heute vor allem noch in Indien und auch in buddhistischen Klöstern.

Mancherorts in Niederösterreich wird der Weihrauch durch Wacholderspitzen, Mariengras, Baumharzen oder Beifuß ergänzt. Statt des teuren Weihrauchs wurden früher Kräuter mit Harzen vor allem von Tanne und Fichte in Eisenpfannen verwendet sowie die am letzten Palmsonntag geweihten Palmkatzerl. Beim Gehen von Raum zu Raum und auch in den Stall wird Weihwasser mitgeführt. Dazu wird das Vaterunser gebetet.

Ich habe den Eindruck, dass vor allem in den letzten Jahren das Ausräuchern eine kleine Renaissance erlebt. Es sind gerade Gerüche die uns bewusst werden lassen, dass etwas aus dem Alltag herausgehoben wird. Vielleicht steht dahinter auch die Erinnerung an frühere Zeiten. Die Beliebtheit von Weihrauch ist eine gewisse Sakralisierung und Mystifizierung der eigenen vier Wände, man trägt quasi das Heilige einer Kirche zu sich nach Hause. So ergibt sich beim Ausräuchern in den Raunächten eine äußere und eine innere Funktion: Das desinfizierende Reinigen und das Revue passieren lassen des alten Jahres mit der Gelegenheit, Vergangenes hinter sich zu lassen und für Neues (weihrauchgeschwängerte) Luft zu machen.

Herbergssuche

Etwa neun Abende vor dem Heiligabend ist es in manchen Gemeinden noch üblich die Herbergssuche zu veranstalten. Im Hintergrund (auch beim Krippenspiel) steht dabei die freilich nicht biblische Szene der bösen Wirte, die Josef und Maria von Haus zu Haus schicken, da kein Platz frei ist. Beim klassischen Herbergssuchen wird ein Marienbild jeden Abend zu jeweils einer andere Familie getragen, wo man sich gemeinsam versammelt, betet, isst und kommuniziert.

Der Lebkuchen

Wahrscheinlich kommt der Lebkuchen worttechnisch aus dem Lateinischen von „libum", also (Opfer)Kuchen. Am Lebkuchen scheiden sich oft die Geister: Er muss meistens herhalten als Beweis für den Verfall der Sitten, wenn es ihn schon Ende des Sommers in den Supermärkten zum Angebot gibt. Beim Lebkuchen ist die Toleranz erstaunlicherweise sehr niedrig, es sei denn er kommt aus Mariazell, Maria Taferl oder Nürnberg. Hier wird er nicht gleich mit der Weihnachtszeit in Verbindung gebracht. Ansonsten gilt er als das Weihnachtsgebäck schlechthin. Am ehesten stammt er wohl in ähnlicher Form als Honigkuchen aus der Antike. Wir wissen, dass es ab dem 12. Jahrhundert Lebzelter gab, also für die Herstellung zuständige Zunftgruppen. Vielerorts wurde er allerdings weniger als Süßspeise, sondern als gesundes, verdauungsförderndes Heilmittel angesehen.

Der Mistelzweig

Da auch vor hunderten und tausenden Jahren schon Misteln wuchsen, wurden diese natürlich auch in vorweihnachtlichen Bräuchen und außerchristlichen Religionen benützt. Jeder Asterix-Leser weiß, dass der Druide Miraculix oft genug eine Mistel mit seiner Sichel schneidet. Druiden sollen diese am 6. Tag nach Neumond mitsamt ihren Beeren geerntet haben. Der germanische Gott/Riese Loki fertigte eine Pfeilspitze aus einem Mistelzweig an, um damit den Gott der Sommersonne, Balder zu töten. Denn die Mistel war die einzige Pflanze, die nicht geschworen hatte, Balder unverletzt zu lassen. Hödur, der blinde Gott des Winters schoss den Pfeil ab, tötete Balder und löste damit Ragnarök aus, den germanischen Weltenbrand. Daher wurde die Mistel verflucht und konnte fortan nicht mehr am Boden wachsen, was ob des eben genannten Weltenbrandes wohl eher sekundär war. Dass Balders Mutter Frigg ihn wieder zurück brachte und vor lauter Freude jeden, der unter der Mistelpflanze vorbei kam, küsste (egal ob er wollte oder nicht) mag den Kussbrauch erklären. Tatsächlich verwendeten die Römer aber schon lange vor dieser Edda-Sage die Misteln bei ihren Saturnalien. Und hier sollte keine unverheiratete Frau, sofern sie unter einem Mistelzweig stand, einem Jüngling einen Kuss verwehren. Denn sonst ging sie das Risiko eines ehelosen Jahres ein.

Lieder

Es gehört wie das Amen im Gebet: Die mehr oder weniger guten Weihnachtslieder in der Adventzeit. Es ist ja interessant, dass am 25. Dezember kaum mehr tatsächliche Weihnachtslieder im Radio gespielt werden. Doch spätestens mit dem ersten Adventwochenende geht es so richtig los: egal ob im Radio, beim Einkaufen, auf den Adventmärkten sowieso und selbst beim Abendessen: die Weihnachtslieder. Jeder Liedermacher, der etwas auf sich hält, hat schon irgendein Weihnachtslied produziert. Dem Empfinden nach werden sie auch alle rauf und runter gespielt. Und dabei wird das Leben erst so richtig gemein: Da reichen zwei Wörter und man hat einen Ohrwurm im Kopf, den man den ganzen Tag mit sich tragen muss. Bisher war „Last Christmas" (und schon haben Sie die passende Melodie dabei im Sinn) das Maß aller Dinge in Sachen meistgehörte Weihnachtsmusik. Mit Umfragen ist es so eine Sache. So gibt es einige, die „Last Christmas" als nervigstes Weihnachtslied ausweisen, gefolgt übrigens von „Feliz Navidad" (auch schon wieder so ein Ohrwurm). Trotzdem gibt es Umfragen, die „Last Christmas" auf Platz eins der beliebtesten Weihnachtslieder noch vor „Stille Nacht" sehen.

Übrigens sollte „Last Christmas" ja ursprünglich „Last Easter" heißen und wurde von George Michaels Plattenfirma eben in „Christmas" umbenannt. Und irgendwie ist das Lied ebenso wie Leonhard Cohens „Hallelujah" ein großes Missverständnis. Denn genauso wie dieses für Hochzeiten so gerne verwendete Lied vom Inhalt her gänzlich schlecht zu ebendiesen Hochzeiten passt, so geht es auch bei „Last Christmas" kaum um Weihnachten. Höchstens das eben zu Weihnachten der Sänger von seiner Freundin verlassen wurde. Sehr besinnlich. Doch die Nummer von Wham! muss sich seit 2016 einem 1994 produzierten Weihnachtslied beugen: „All I want for Christmas is you" von Mariah Carey. Obwohl die Nummer auch schon 25 Jahre auf dem Buckel hat, verdient die Pop-Ikone damit jeden Advent an die 500.000 Euro als Anteil an den Einnahmen dieser Nummer, vor allem durch eine Unzahl an Downloads.

*Pater Clemens Hainzl aus dem Stift Altenburg
mit einigen seiner „Minis" und dem Adventkranz*

Turmblasen

Die Ursprünge dieser Tradition dürften bei bestimmten Signalen von Turmwächtern für die Stadt liegen. Bereits im 15. Jahrhundert gibt es in (nord)deutschen Städten einen ersten Höhepunkt der Turmmusik. In Niederösterreich wird gerne zu Heiligabend und zu Neujahr vom Turm geblasen.

Ausritte

Eher jüngere Bräuche sind die heute stattfindenden öffentlichen Ausritte mit Pferden. Kurz nach dem Zweiten Weltkrieg entstand der

Scheibbser Dreikönigsritt. Begleitet von Sternträgern, Fanfarenbläsern, Pferdeführern, Gabenträgern, den Heiligen Drei Königen sowie Hirten geht es von der Klosterkirche durch die Stadt zur Pfarrkirche. Bei bestimmten Stationen werden Lieder gesungen. In Oberösterreich häufiger verbreitet ist der Stephaniritt. Solche Ritte waren in anderen Bundesländern überhaupt sehr häufig, in Niederösterreich wurde der Brauch 2014 in Schwarzensee im Wienerwald nördlich des Triestingtals reaktiviert. Dabei werden die Pferde vor der Kirche gesegnet. Auch Esel sind hier zugelassen.

Der Adventkranz

Ein gar nicht so alter Brauch ist der des Adventkranzes. Aber immerhin können wir seinen Ursprung ganz genau bestimmen: Der erste Adventkranz bestand aus Holz und hatte gute 2 Meter Durchmesser. Wie kam es dazu? Durch einen „Säulenheiligen" der evangelischen Kirche, Johann Hinrich Wichern. Dieser wurde 1808 in Hamburg geboren und starb auch dort am 7. April 1881. Er besuchte eine Privatschule und lernte dort die Pädagogik von Johann Heinrich Pestalozzi kennen. Im Hamburger Vorort Horn errichtete er eine Anstalt zur Rettung verwahrloster und schwererziehbarer Kinder. Dieses wurde sehr bald das „Rauhe Haus" genannt in Anspielung an den ursprünglichen Titel „Ruges Haus". Am 31. Oktober 1833 zog Wichern mit seiner Mutter sowie seiner Schwester dort ein. Sehr schnell wurden dort 12 Buben aufgenommen, ab 1835 auch Mädchen. Durch die steigende Anzahl der Kinder wurden auch neue Gebäude errichtet. Sehr fortschrittlich waren die Strukturen: Jeweils zehn bis zwölf Kinder lebten gemeinsam mit einem eigenen Betreuer zusammen. Für Wichern stellte jedes Kind etwas Einzigartiges dar, sodass eine individuelle Pflege jedes einzelnen Kindes für ihn essentiell war.

Zur Vorweihnachtszeit versammelten sich nun zu Mittag und vor allem am Abend die Kinder und Jugendlichen aus dem Elendsviertel mit ihren Betreuern zu einer Andacht und zum Liedersingen. Wichern ließ nun am 1. Dezember 1839 ein Wagenrad aufstellen auf dem 19 kleine und rote Kerzen (für die Werktage bis Weihnachten) und 4 große weiße (für die Sonntage bis Weihnachten) installiert wurden. Jeden Tag wurde nun eine Kerze zusätzlich angezündet. Und hier offenbart sich schon Wicherns pädagogisches Geschick: Mit jedem Tag zu Weihnachten hin wird es heller in unserem Leben. Das Licht ist es, das für Wichern auf die baldige Ankunft Christi verweist.

Sehr schnell verbreitete sich diese Idee und es dauerte auch nicht lange bis der Adventkranz in der uns bekannten Form entstand. Denn schon 9 Jahre später wird das Wagenrad mit Reisig verziert. Und die dort tätigen „Diakone" setzten diesen Brauch in ihren späteren Tätigkeitsfeldern fort. Für den häuslichen Bereich war so ein 24-kerziger Adventkranz natürlich etwas überladen, d.h. er musste etwas abspecken. Das Ergebnis ist uns bekannt. Richtig flächendeckend durchgesetzt hat er sich aber erst im Laufe des 20. Jahrhunderts. In den 1920er Jahren kam er nach Österreich und zwar gleich in der heutigen Form.

Dass es gerade im durchaus bewaldeten Mitteleuropa natürlich auch vorchristliche Formen von Kränzen aus Tannenzweigen und dergleichen gab, versteht sich von selbst – der heidnische Einfluss auf den Adventkranz sollte also nicht überschätzt werden. Im Übrigen ist die Idee von Wicherns Adventskranz nichts anderes als (von der theologischen Aussagen mal abgesehen) ein frühzeitlicher Adventskalender. Apropos:

Der Adventkalender

Gerhard Lang war ein Firmenteilhaber der lithographischen Kunstanstalt München und erinnerte sich wie viele an Weihnachten in seiner Kindheit. Da hatte seine Mutter nämlich auf einen Karton 24 Wibeles (schwäbische Süßspeise aus Biskuittteig) aufgenäht, von denen er jeden Tag eines essen durfte. Diese Idee modifizierte er um und schuf 1903 einen

Kalender, der aus zwei Bögen bestand, einer mit Motiven zum Ausschneiden und der andere mit den jeweiligen Klebefeldern. Diesen nannte er „Im Lande des Christkinds". Seit den 1920er Jahren gibt es den Adventkalender mit aufklappbaren Türen. Sehr schnell verbreitete sich diese Idee des Adventskalenders, innerhalb von 70 Jahren hat sich dieser flächendeckend durchgesetzt. Auf Lang geht übrigens auch die geniale und wunderbare Idee des Schoko-Adventkalenders zurück.

Der Adventmarkt oder wenn der Rubel rollt

Für viele Menschen sind sie der Inbegriff der adventlichen Behaglichkeit und Gemütlichkeit: die Adventmärkte. Allseits beliebt hatten sie ursprünglich gar nichts mit Weihnachten zu tun, da es sie stets bei großen Messen und Versammlungen als normale Märkte in den Städten gab. Weihnachtlich eingefärbt wurden sie wohl erst im 19. Jahrhundert. So richtig ins Rollen kamen die Adventmärkte in den 1990er Jahren. Schon 1986 wurde der Christkindlmarkt am Wiener Rathausplatz zum ersten Mal (weihnachtlich) beleuchtet bzw. mit einem Rahmenprogramm versehen. Zudem gibt es von Jahr zu Jahr mehr Adventmärkte die wie

Schwammerl aus dem Boden schießen. In so gut wie jeder noch so kleinen Gemeinde gibt es mittlerweile schon einen. Auch durch den seit 1990 gestarteten Silvesterpfad gab es einen erneuten Schub für die (Wiener) Wirtschaft. Im Jahr 2017 gab es in Wien ganze 21 Adventmärkte mit insgesamt 995 Ständen und 194 Gastroständen. Wenig überraschend ist, dass der größte Adventmarkt der Christkindlmarkt am Rathausplatz mit 155 Ständen ist.

Für die Wirtschaft ist die Adventszeit natürlich die einkaufsstärkste Phase im ganzen Jahr. Der durchschnittliche Betrag wie viel Österreicher für Weihnachtsgeschenke ausgeben steigt sukzessive und wird bald die 400 Euro-Grenze erreichen. Natürlich profitiert auch der Tourismus massiv von der Adventzeit. Innerhalb von 30 Jahren haben sich die Nächtigungszahlen alleine in Wien bis 2016 auf 1.136.000 vervierfacht. Gab es 1967 im November und Dezember 317.000 Nächtigungen, waren es 1986 schon 631.000. Und 2016 für beide Monate ganze 2.511.000 Nächtigungen.

DER CHRISTBAUM

GESCHICHTE

Er ist die Konstante und letztlich die größte Gemeinsamkeit aller weltweit unterschiedlichen Weihnachtsfeiern: der Christbaum. Zumindest in unseren Breiten fällt die Weihnachtszeit ja in den Winter, in dem es bekanntlich frostig und dunkel ist. Die Sehnsucht nach etwas Blühendem oder zumindest etwas Grünem ist verständlich. Ein Tannen- oder Fichtenbaum kommt hier sehr gelegen. Der Christbaum ist ebenso wie der Adventkranz ein schönes Beispiel dafür, dass gerade so weit verbreitete Bräuche nicht unbedingt sehr alt sein müssen. Zwar ist der Christbaum um einiges älter als der Adventkranz, doch flächendeckend gibt es ihn auch erst seit gut 70 Jahren in Österreichs Haushalten.

Genauso wie beim Christkind obliegt man auch beim Christbaum dem Glauben, dass dieser ein rein katholischer Brauch wäre. Doch auch hier verhält es sich anders wie uns ein Blick in die Geschichte zeigt. Aber der Reihe nach: Wie alt ist der Christbaum nun eigentlich? Leider ist hier eine exakte Antwort wie etwa beim Adventkranz nicht möglich. Man muss schon tief in der Geschichte wühlen. Denn Pflanzenschmuck spielte schon immer eine große Rolle. Und Bäume sind generell verständlicherweise in vielen Kulturen Symbol für Fruchtbarkeit und Leben. Gerne wurde daran geglaubt, dass dort gute Geister wohnen – etwas das sich bis heute indirekt erhalten hat. So verwundert es nicht, dass vor allem im Winter Häuser mit Tannenzweigen geschmückt wurden, da diese Hoffnung und Schutz bieten sollten. Sich etwas Grünes ins antike Haus zu hängen, war ein Zeichen der Hoffnung und vor allem der Heilkraft und Gesundheit. Die Römer etwa verzierten im Winter ihre Häuser mit dem immergrünen Lorbeer und zwar zu Jahreswechsel. Dieser vollzog sich am 1. März, ab 157 v. Chr. begann aber zumindest das Amtsjahr (mit dem Amtsantritt der Beamten) mit dem 1. Jänner. Dass der Weihnachtsbaum aus dem Germanischen komme – dafür gibt es keine Anhaltspunkte. Aber selbstverständlich genoss der Baum sowohl bei Kelten als auch bei Germanen eine besondere Bedeutung.

Spätestens für das Mittelalter sind uns verschiedene Feste mit Mai- oder Richtbäumen überliefert. Allerdings für Weihnachten noch nichts. Unser Christbaum hat seine (Vorsicht Wortspiel) „Wurzeln" im mittelalterlichen Mysterienspiel. Dort war er der Baum der Erkenntnis von Gut und Böse im Garten Eden. Dabei wurde der Paradiesbaum in Erinnerung an Adam und Eva mit Blüten und vor allem mit Äpfeln behängt, welche die Frucht dieses Baumes der Erkenntnis von Gut und Böse darstellen sollte. Übrigens steht nirgends geschrieben, dass es sich dabei in Eden tatsächlich um einen Apfel gehandelt hat. Was das mit Weihnachten zu tun hat? Werfen Sie einmal einen Blick in einen Heiligenkalender: Adam und Eva haben ihren Gedenktag am 24. Dezember.

Das Schmücken von Kirchen mit Tannenzweigen ist uns spätestens seit Bernhard von Clairvaux (1091–1153) belegt. Lettland ist es, das eifrig im Kampf um die längste Christbaumtradition mitmischt: 1510 soll in Riga am Rathausplatz der erste Christbaum aufgestellt worden sein. Es war die Bruderschaft der Schwarzhäupter, die zur Wintersonnwende eine Tanne zum öffentlichen Verbrennen stiftete. Diese Vereinigung von deutschen Kaufleuten hatte dabei aber nicht bedacht, dass der Baum so groß war, dass die Häuser der Umgebung allesamt Feuer gefangen hätten. Und so soll man ihn kurzerhand mit Wollfäden und Stroh geschmückt haben. Die Esten auf der anderen Seite reklamieren diese Gepflogenheit für sich und zwar gute 70 Jahre früher: In Tallinn soll die genannte Bruderschaft bereits 1441 eine aufgeputzte Tanne auf dem Marktplatz gestiftet haben.

Sebastian Brant erwähnt in seinem Narrenschiff 1494 den Brauch sich grüne Tannenzweige ins Haus zu stellen. Er nennt diese Weihnachtsmaien. Aus dem Jahr 1491 gibt es eine Erwähnung eines Bäckers aus Freiburg der einen Baum aufgestellt hatte und diesen mit Früchten und Nüssen behängt haben soll. Der vermutlich früheste graphische Beleg für einen Christbaum, der bereits geschmückt ist (mit Sternen und Lichtern), stammt von einem Kupferstich aus dem Jahr 1509. Für 1521 ist uns aus den Rechnungsbüchern der Stadt Schlettstadt (Sélestat) im Elsass bekannt, dass die dortigen Ratsherren das Schlagen von Bäumen verboten haben bzw. ab 21. Dezember eine Bewachung der Bäume in Auftrag gaben, die als Christbäume infrage kämen. Von dort ist uns auch belegt, dass Bäume mit Äpfeln und Oblaten geschmückt wurden, die dann von Kindern am 6. Jänner abgenommen und gegessen wurden. Auch von 1527 haben wir einen schriftlichen Beleg über einen Weihnachtsbaum aus Stockstadt am Main. Sehr gut dokumentiert ist Straßburg – hier gibt es 1539 einen Beleg, dass im Münster ein Christbaum aufgestellt wurde, ebenso wie in manchen Häusern. Und für 1561 haben wir einen Erlass, dass jeder Bürger nur je einen Baum aus dem Wald schlagen darf. Auch wissen wir vom Verkauf von Tannen und Tannenzweigen. Offensichtlich war das Elsass immer schon sehr baumbezogen.

Die ersten Bäume wurden also von den deutschen Zünften aufgestellt und mit Äpfeln, Nüssen, je nach Zunft mit Brezeln geschmückt. Gedacht war das Gehänge vor allem für die Kinder. 1605 war es schon ein allgemein üblicher Brauch, Bäume mit Papier, Früchten, Zuckerwerk und Oblaten zu schmücken. Die Äpfel, als in der frühen Zeit gerne benutzter Baumschmuck hatten, einerseits ganz praktische Gründe, nämlich die Haltbarkeit und leichte Verfügbarkeit. Andererseits erinnerten sie auf der Symbolebene an die Frucht aus dem Paradies, die meistens mit einem Apfel identifiziert wird. Zwischen 1642 und 1646 ließ sich Johann Conrad Dannhauer gegen diesen Brauch ziemlich aus und nannte ihn unter anderem ein „Kinderspiel", welches aber immerhin besser wäre als andere Fantasien.

Flächendeckend durchgesetzt hat sich der Christbaum spätestens im 16. Jahrhundert entlang des Rheins im Breisgau und im Elsass. Allerdings war dies ein Brauch für reiche Familien, da Tannen noch sehr teuer waren, da diese früher in Mitteleuropa nicht unbedingt sehr verbreitet waren. So griff man behelfsmäßig auch auf Zweige zurück und wenn schon Bäume, dann waren es wohl Fichten.

Auf jeden Fall lässt sich festhalten, dass der Christbaum am ehesten aus dem südwestdeutschen Raum stammt. In nördlicheren deutschen Gebieten war es eher üblich, Holzgestelle mit Tannenzweigen und Obst zu schmücken. So schrieb auch Liselotte von der Pfalz 1708 in einem Brief an ihre Tochter von Buchsbäumen, die mit Kerzen an jedem Zweig geschmückt waren. Von einem „aufgeputzten Baum", der ihn in „paradiesisches Verzücken" versetzt, berichtet uns auch schon Johann Wolfgang von Goethe in seinem „Die Leiden des jungen Werther" aus 1774 und benennt als Schmuck Wachslichter, Zuckerwerk und Äpfel. Die Expansion des Christbaumes setzte im 18. Jahrhundert ein, da der Brauch durch deutsche Siedler auch nach Nordamerika gebracht wurde und 1746 erstmals in Pennsylvania beschrieben wird.

Für Österreich finden wir den ersten Hinweis auf einen Christbaum skurrilerweise in einem Akt der österreichischen Geheimpolizei. Unter dem

Staatskanzler Metternich gab es ja Anfang des 19. Jahrhunderts ein groß angelegtes Spitzel- und Polizeiwesen. Zweites Kuriosum: Der Baum stand beim jüdischen Bankier von Arnstein. Und so finden wir für den 26. Dezember 1814 einen Bericht eines Spitzels über die Gattin des Bankiers, Fanny von Arnstein, eine Dame der Gesellschaft. Der Spitzel notierte: „Bei Arnheim war vorgestern nach Berliner Sitte ein Weihnachtsbaum oder Christbaumfest. Alle Gäste erhielten Souvenirs vom Baum." Nun darf man nicht den Fehler machen, vorschnell zu glauben, dass der Christbaum automatisch aus dem Judentum käme, hatte Fanny von Arnstein ja in ihrem Salon auch sehr viele Nichtjuden als Gäste. Darüber hinaus können wir bei „Berliner Sitte" von einem deutschen Brauch ausgehen.

Aber entscheidender als Fanny von Arnstein hat Henriette von Nassau-Weilburg (1797 bis 1829) zur Verbreitung beigetragen. Sie importierte aus ihrer Heimat Nassau den Brauch des Weihnachtsbaums und stellte diesen 1816 in ihrem Palais auf. Darin befindet sich heute übrigens die Albertina. Ihr Mann Erzherzog Karl, der Napoleon in der Schlacht bei Aspern 1809 zum Rückzug zwang, hatte damit freilich gar keine große Freude wie wir aus seinen Aufzeichnungen wissen. Sein geliebtes Kripperl geriet nämlich in den Hintergrund zu Lasten von viel Drumherum und zu vieler Geschenke für die Kinder, zumal der Baum voller Weihnachtskekse gewesen sein dürfte. Auch Erzherzog Johann lehnte Spielereien aller Art zu Weihnachten ab. Hingegen soll dies seinem Schwager, Kaiser Franz I./II. so gefallen haben, dass er gleich den Auftrag gab, in der Hofburg ebenfalls eine Tanne samt Kerzenschmuck aufzustellen. Darüber hinaus dürfte das Dienstpersonal davon begeistert gewesen sein bzw. auch diverse Freundinnen der Erzherzogin und so setzte sich der Christbaum sehr bald vom erzherzöglichen Palais abwärts Adelskreisen und in (groß)bürgerlichen Kreisen durch. Henriette starb übrigens am 29. Dezember 1829 mit nur 32 Jahren. So ganz umstritten war die Ehe (die übrigens glücklich gewesen sein dürfte) nicht, da sie ja aus Nassau stammend evangelisch war. Doch bis heute ist sie die einzige Nichtkatholikin, die in der Kapuzinergruft bestattet wurde.

Wobei die besagte Henriette auch nicht unbedingt als die alleinige Christbaummahnherrin gesehen werden darf, denn aus dem Jahr 1815 wissen wir, dass die niederösterreichische Landesregierung das Absägen und Ausgraben von Bäumen unter anderem für Weihnachten verboten hat. Allerdings auch für Kirchenfeste und Fronleichnamsprozessionen, doch geht dabei heraus, dass dies schon ein gewisser Selbstläufer und gut verbreiteter Brauch war.

Flächendeckend dauerte es aber noch ein Weilchen, bis sich der Christbaum in allen Gesellschaftsschichten durchsetzte. Ab den 1830er Jahren gehörte er in jedes gutbürgerliche Haus und in das Wiener Stadtbild. Ab 1850 verbreitete sich der Baum mehr und mehr in den Wohnungen und Kirchen. Erst nun, in der ersten Hälfte des 19. Jahrhunderts, entstand in der Biedermeierzeit das Bedürfnis, Weihnachten ruhig und beschaulich in den eigenen vier Wänden zu feiern. Davor konnte das Fest auch etwas beschwingter und öffentlicher begangen werden.

Einerseits war auf dem Land die Fokussierung auf die Krippe viel stärker und andererseits setzen sich Bräuche aus Wien kommend ohnehin erst nach einer gewissen Phase der Skepsis durch. Erst in der Zwischenkriegszeit und flächendeckend dann nach dem 2. Weltkrieg ist der Christbaum in nahezu jeder Stube zuhause. Davor war es oft üblich, Bäume zwar zu schmücken, aber vor allem jene, die ohnehin das ganze Jahr über draußen stehen. In den Kirchen selbst werden Bäume erst relativ spät verwendet.

Es handelt sich also letztendlich beim Christbaum um ein deutsches Produkt, welches als „deutsche Qualitätsarbeit" in alle Welt exportiert wurde. So brachte Karl Follen 1832 den Brauch des Weihnachtsbaums nach Neuengland, über den Gemahl von Königin Victoria, nämlich Albert von Sachsen-Coburg, kam er Mitte des 19. Jahrhunderts nach England. In den USA gibt es seit 1891 einen Christbaum vor dem Weißen Haus. Ähnliches gilt auch für Russland, in Italien wurde der Christbaum erst im Zuge des Zweiten Weltkrieges bekannt, ebenso in Irland. Das Vorurteil, dass die römisch-katholische Kirche in Jahrhunderten denke, bestätigt sich beim Christbaum absolut, denn erstmals ab 1982 wurde am Petersplatz ein Weihnachtsbaum aufgestellt.

Im Gegensatz zum Christbaum hat sich übrigens der Nikolaus-Baum nicht durchgesetzt. Dies war ein ebenfalls grüner Baum mit brennenden Kerzen und jede Menge Zuckerwerk. Schade eigentlich.

CHRISTBAUM IN ÖSTERREICH: EINE ERFOLGSSTORY

Der Christbaum nimmt nicht nur in unseren Breiten eine ganz wichtige Funktion als Identifikationsobjekt ein. Egal ob natürlich oder künstlich, er schmückt Haushalte, Kirchen und Geschäfte. Hinter dem offensichtlichen Wunsch nach Innigkeit und Behaglichkeit, für die ein Christbaum sorgt, hat sich natürlich ein ganzes Gewerbe und für Österreich eine richtige Erfolgsstory entwickelt. Für nicht wenige bäuerliche Betriebe ist das Christbaumgeschäft eine wesentliche Einnahmequelle in Niederösterreich. Im ganzen Land stehen etwa 3.500 Hektar für die Christbaumproduktion zur Verfügung, die dann von 1.000 Christbaumbauern bearbeitet werden. Der größte Weihnachtsbaumproduzent ist übrigens Dänemark mit insgesamt stattlichen 100 Millionen Nordmanntannen. Insgesamt sind es zwischen 2,3 und 2,8 Millionen Christbäume, die jährlich gekauft werden. Das sind 90% des Marktanteils in Österreich. Übrigens stehen gerade in Niederösterreich die meisten Christbäume nicht auf Waldflächen, sondern auf Feldern. Und sie sind auch selten Monokulturen, da sie meist auf weniger als einem Hektar gehalten werden.

Lieblingsbaum der Österreicher ist die allseits beliebte Nordmanntanne mit einer Durchschnittsgröße von 160 cm. Aber es gibt auch Korea- oder Weißtannen. Im Osten Österreichs entscheiden sich Jahr für Jahr 90 % für die Nordmanntanne, im Westen kommen noch Blaufichten und Weißtannen hinzu. Auch die Deutschen verwenden zu 80 % die Nordmanntanne. Bis in die 1950er Jahre war der häufigste Baum die Rotfichte. Benannt ist der berühmte Baum nach dem finnischen Biologen Alexander von Nordmann. Ursprünglich kommt er (der Baum) aus dem Westkaukasus und noch heute ist er hauptsächlich in Georgien, Aserbaidschan, Russland und der Türkei anzutreffen. Ostmanntanne wäre demnach eigentlich richtiger als Ausdruck ...

Sein Vorteil liegt darin, dass unsere Wohnungen leider sehr trocken geheizt werden und die meisten Bäume natürlich sehr schnell Nadeln verlieren, die Nordmanntanne hingegen kann sich durch eine Wachsschicht sehr gut vor dem vorzeitigen Austrocknen schützen. Pflegt man den Baum richtig, so bleibt er bis zu acht Wochen frisch, etwa indem man ihn an einem kühlen Ort aufstellt und die Rinde unten etwas einritzt, wenn er im Wasser steht. Als Faustregel kann gelten: Ein 2,5 m hoher Baum benötigt ca. 5 Liter pro Tag. Verliert ein Christbaum schon beim Kauf seine Nadeln, können Sie davon ausgehen, dass er alles andere alles frisch ist. Das Argument vom Tannenduft ist nur schwer nachvollziehbar, da gerade die Nordmanntanne relativ geruchsneutral ist. Der typische Tannenduft, den wir mit Weihnachten verbinden, kommt meistens von der Fichte.

Für mich ist ein Christbaum etwas Respekt einflößend und ich versuche mir immer bewusst Zeit zu nehmen und ihn ein paar Minuten pro Tag in der Weihnachtszeit zu betrachten. Bis wir einen prächtigen Christbaum bestaunen dürfen, dauert es nämlich mindestens 8 bis 12 Jahre, bis aus dem Samenkorn in den Baumschulen ein Sämling wird und dann nach drei oder vier Jahren an die Betriebe weitergeht, wo sie abhängig von der Bodenqualität großgezogen werden. Es ist also ein enormer Aufwand der Natur dahinter. Der vermutlich größte Weihnachtsbaum steht in Tasmanien im Styx forest und ist ein 80 Meter hoher Eukalyptus.

NATÜRLICH ODER KÜNSTLICH? ODER DOCH LIEBER LEBEND?

Die Frage, ob nicht ein wiederverwertbarer Plastikbaum auch ökologisch effizienter und einfacher wäre, stellt sich schon. Also wie soll der Baum sein, natürlich oder künstlich? Die Mehrzahl aller Österreicher wird nun empört aufschreiben: ein echter Baum natürlich! Die Frage des Umweltgedankens spielt übrigens für viele Menschen eine nicht zu unterschätzende Rolle. Ist ein wiederverwendbarer Baum, der allerdings aus Plastik besteht, umweltfreundlicher? Baum muss jedenfalls direkt keiner sterben, allerdings ist PVC (Polyvinylchlorid) mit seinen hohen Bleianteilen auch nicht wirklich das, was man gesund nennt. Rechnet man alles zusammen, so beträgt der CO_2-Ausstoß pro Naturbaum zwischen 3 und 5 Kilo (vorausgesetzt es ist ein heimischer). Bei einem PVC-Baum kommen wir auf 18 bis 48 kg. Abgesehen davon enthält PVC ja meistens gesundheitsschädliche Weichmacher. Von Deutschland wissen wir, dass 30.000 künstliche Christbäume im Jahr gekauft werden. Die Mindesthaltbarkeit eines Plastikbaumes beträgt übrigens im Durchschnitt 6 Weihnachtsfeste, was nun auch nicht gerade überwältigend lange ist. Ebenfalls für den Naturbaum spricht, dass dieser jedes Jahr unterschiedlich aussieht und in seiner Wachstumsphase, die immerhin bis zu 10 Jahre dauern kann, selbst im Hektar 145 Tonnen Kohlendioxid bindet und 1.000 Tonnen Sauerstoff freisetzt.

Und dann gibt es auch einen Trend zum lebenden Christbaum. Dieser ist allerdings mit einem gewissen Aufwand versehen, da er nur maximal eine Woche in der Wohnung stehen darf und in einem 100 Liter-Topf eingepflanzt sein sollte. Und so ganz baumfreundlich ist diese Methode auch nicht, da man den Christbaum von den Wurzeln abschneidet und ihn damit aus der Winterruhe reißt. Während des Einsatzes als Christbaum dämmert er dann vor sich hin, bevor man ihn dann oft draußen erfrieren lässt. Bäume zu schonen hat sicherlich seine Berechtigung. Konsequenterweise müsste man dann auch den Weihnachtsbraten sein lassen bzw. ein komplett veganes Weihnachten feiern – mit Produkten ausschließlich aus der Region. So sehr ich jemanden dafür bewundern würde, kenne ich nur leider niemanden.

Mittlerweile gibt es sogar schon aufblasbare Christbäume. Aus Gründen des vorweihnachtlichen Friedens enthalte ich mich aber eines Kommentars dazu.

Kerzen, Kugeln und Kulinarisches: Was so auf den Baum rauf kommt

Die Kerzen am Baum sind ein schönes Symbol dafür, dass Weihnachten natürlich eben auch ein Lichterfest ist. Jesus symbolisiert das Licht, kommt in die Welt, um sie für uns heller zu machen, uns Hoffnung zu geben und ein Ideal, an dem wir uns orientieren können. Die ganz eigentümliche Stimmung durch echte Kerzen ist ähnlich, aber noch gesteigerter als beim Adventkranz. Und auch ausgeblasene Kerzen erzeugen eine sehr spezielle Geruchsstimmung. Doch Kerzen sind zuletzt in Verruf gekommen: Nach Schätzungen von Brandschutzexperten dauert es zwischen 10 und 20 Sekunden bis ein (vermutlich schon eingetrockneter Christbaum) komplett abgebrannt ist bzw. ein Vollbrand entsteht. Daher geht der Trend eindeutig weg von den echten Kerzen hin zu elektronischen Kerzen für den Christbaum, aber sogar auch schon für den Adventskranz. Das können wir übrigens auch beim Martinsfest beobachten, wo die meisten Kinder auch schon mit LED-Lampen in den Laternen herumziehen. Ob das für die weihnachtliche Atmosphäre förderlich ist, wage ich generell zu bezweifeln– sicherer ist es auf jeden Fall.

Als Baumschmuck dienten immer schon Äpfel, Oblaten und Nüsse. Diese werden heute durch Windringe, Regenschirme und Schokoschnapsflascherl ersetzt. Zu allen Zeiten gab es selbstgebastelten Weihnachtsschmuck. Ein Christbaum-Evergreen waren Strohsterne. Die Kugeln am Christbaum symbolisieren die Erdkugel, die als Reichsapfel stets Herrschaftszeichen der Kaiser waren. Im späten 19. Jahrhundert tauchen Glaskugeln als Schmuck auf, wohl auch um die Äpfel zu ersetzen. Und als „Engelshaar" wurde seit 1878 vermehrt das Lametta als Schmuck eingesetzt – es soll glitzernde Eiszapfen symbolisieren. Je nach Laune ist die Spitze des Baumes ein Stern als Symbol für den Stern von Bethlehem oder ein Spitz. Und doch soll es heutzutage tatsächlich sogar Weihnachtsbäume geben, an denen überhaupt keine christlichen Symbole zu finden sind.

Der Christbaum in Pension

In manchen wenigen Regionen bleibt der Baum bis 2. Februar bis zu Maria Lichtmess stehen, allerdings ist es meistens der 6. Jänner an dem abgeputzt wird. Viele Gemeinden haben schon ein Christbaum-Abholservice eingerichtet, das ebenfalls sehr schnell nach dem 6. Jänner seinen Betrieb aufnimmt. Was geschieht mit den nicht verkauften Weihnachtsbäumen oder mit jenen, die ihren Dienst schon abgeleistet haben? In nicht wenigen Fällen werden Christbaume sowie Reisig einem sinnvollen Zweck zugeführt: Für Pferde, Zootiere oder Wildtiere als Leckerbissen. Alleine die Stadt Wien sammelt pro (vergangenem) Weihnachtsfest an die 160.000 Bäume wieder ein und beliefert 2.280 Haushalte mit Fernwärme und 975 mit Strom. Auch in Deutschland wird der größte Teil der Christbäume zu Holzhackschnitzel verarbeitet. Vereinzelt gibt es in Österreich auch die Tradition des Christbaumversenkens in Kooperation mit lokalen Tauchvereinen. Vor allem unverkaufte Christbäume werden gerne fur einen guten Zweck versenkt. Denn diverse Fischarten, vor allem Zander verwenden diese gerne als schützende Laichplätze. Hier können sie groß und stark werden um 11 Monate später am Heiligabend-Teller zu landen …

Immer wieder kommen in diesem Buch kleine Grafiken vor. Ich habe eine Umfrage mit 500 Personen aus Niederösterreich durchgeführt. Die Ergebnisse sind, wie ich meine, sehr aufschlussreich. So ergab die Umfrage ein überwältigendes Bekenntnis zu Weihnachtsbräuchen: Es finden sich nahezu keine Weihnachtsverweigerer, im Gegenteil. Die Feier mit entsprechendem Inventar gehört sich einfach. 98,2% der Befragten, also fast alle, hängen sich irgendeine Form der Weihnachtsdekoration ins Haus. Fast ebenso viele, nämlich 97,8% möchten nicht auf ihren Christbaum verzichten und ein Adventkranz findet sich auch in 94,4% der Haushalte. Lediglich die Krippe erzielt mit 77,2% zwar ein achtbares, im Vergleich zu den anderen, aber mageres Ergebnis. Vielleicht

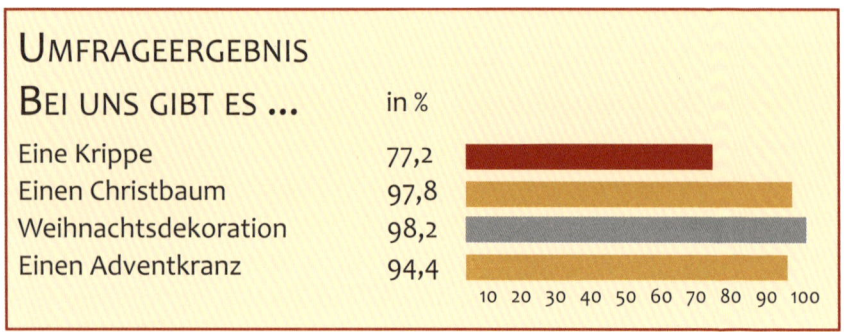

hängt dies damit zusammen, dass sie noch am eindeutigsten Religiöses zur Sprache bringt. Eine Krippe mit ihren Figuren setzt mehr als die anderen ein Bekenntnis zum Christentum und zur Geburt Christi voraus.

Weihnachtsbräuche in aller Welt

Gerade so ein emotionales Fest wie Weihnachten wird gerne immer auf die gleiche Art begangen. Allerdings variiert das logischerweise von Kontinent zu Kontinent, ja selbst von Land zu Land. Weihnachten wird auf der ganzen Welt gefeiert und das nicht nur von Christen. Natürlich erhält es von Konfessionslosen, Juden oder Buddhisten eine andere Bedeutung. Selbst in China gibt es vermehrt Lichterketten und Christbäume aus Plastik sowie Weihnachtsjobs und dergleichen. Als religiöses Fest feiern weltweit aber (zumindest theoretisch) 2,4 Milliarden Christen.

Obwohl in Indien nur 7% Christen leben, ist Weihnachten ein offizieller Feiertag. Da es die Inder mit dem Anbau von Tannen oder Fichten nicht so haben, übt ein Mangobaum oder eine Bananenstaude die Funktion des Weihnachtsbaumes aus. Einer Tradition gemäß bekommt das Familienoberhaupt am 25. Dezember morgens das erste Geschenk – eine

Zitrone. Das Festessen besteht aus Reis und Currys und eventuell auch aus Fleisch. Tänze und Lieder haben auch dort eine große Bedeutung.

Ähnlich wie bei uns ist in Mexiko Weihnachten auch ein Fest der Familie. Geschenke gibt es allerdings erst am 6. Jänner. Um das Warten trotzdem zu verkürzen, gibt es den Brauch der Piñata also ein Gefäß oder nachgebautes Tier aus Papier, das mit Süßigkeiten und Früchten gefüllt ist. Kinder müssen dieses mit zugebunden Augen und einem Stock in drei Versuchen zerschlagen.

In Sizilien geht es in der Adventzeit etwas weltlich zu – denn Advent ist die Zeit des Pokerns. Einmal in der Woche lädt die Familie zum Weihnachtspokern ein.

Wie bei uns beginnt in Peru das Weihnachtsfest am Abend des 24. Dezembers. Um Mitternacht wird das Jesuskind in die Krippe gelegt, nach der gemeinsamen Messe gibt es ein Feuerwerk, danach gehen die Kinder schlafen. Von einer „stillen Nacht" kann also hier nicht die Rede sein.

Griechische Kinder haben am 24. Dezember etwas Besseres vor als auf die Bescherung zu warten (die eh erst am 1. Jänner stattfindet): Sie sind mit einer Triangel unterwegs, um die Weihnachtsbotschaft unter die Leute zu bringen. „Kalanta" heißen ihre Weihnachtslieder, die regional unterschiedlich sind. Dafür gibt es – ähnlich dem Sternsingen – Geld und Süßigkeiten. Feuer spielt auch eine besondere Rolle. An Heiligabend wird mit einem schönen Stück Oliven- oder Kiefernholz ein Feuer im Kamin entzündet, denn solange das Feuer brennt, hat es das Jesuskind in der Krippe warm. Und dann gibt es in Griechenland auch noch Wesen, die alle Weihnachtskekse wegessen, das Haus verwüsten, das Essen verunstalten und Wein, Milch und Wasser besudeln. Die Rede ist nicht von lästigen Verwandten (die es in Griechenland wohl auch gibt), sondern von den „Kalikatzari". Das sind kleine stinkende Kobolde, die just zu Weihnachten aus der Unterwelt kommen und offensichtlich für jede Menge Ärger sorgen. Als Schutz vor ihnen werden in Griechenland zwölf Nächte lang Weihnachtsfeuer im Kamin gemacht.

In den USA ist bekanntlich der Truthahn das Hauptfestessen zu Weihnachten. Wie aus meiner Sicht übertrieben political correctness aussehen kann, sieht man dort, wo es mittlerweile verpönt ist sich „Merry Christmas" zu wünschen, da es ja andere Religionen gibt, die um diese Zeit eben nicht Weihnachten feiern. Daher heißt es meist „Seasons Greetings" oder „Happy Holidays". Überhaupt sind amerikanische Weihnachtsbräuche natürlich allesamt importiert. Der Christbaum stammt wie erwähnt aus Deutschland, der Santa Claus ist ja eine Kunstfigur, die die meiste Ähnlichkeit mit dem Sinterklaas aus den Niederlanden hat und die berühmten Socken am Kamin stammen wohl aus England.

Den wahrscheinlich schönsten Brauch gab es wohl nur einmal: Sind gerade Kriegshandlungen im Gang, so muss sich auch Weihnachten dem militärischen Diktat beugen. Auf strategischer Ebene wurde nie darauf Rücksicht genommen, bestenfalls in den unteren Ebenen bei den Frontsoldaten. Einzig am 24. Dezember 1914 kam es zwischen Deutschen und Briten zu einem weihnachtlichen Waffenstillstand, ja sogar zu einer gemeinsamen Feier. Auch an der Ostfront wird von Geschenketausch und Verbrüderungen berichtet. Und am 24. Dezember 1940 ließ Adolf Hitler für diesen einen Tag die Luftangriffe auf England pausieren.

Zwar kein Brauch, aber eine Erwähnung wert ist Folgendes: Der Lordprotektor von England, Oliver Cromwell, hat zwischen 1647 und 1660 übrigens das Weihnachtsfest im ganzen Land verboten. Denn er hielt es aus moralischen Gründen für nicht tragbar, dass an einem der heiligsten Tage des Jahres ausgelassen gefeiert werden würde. Wer dies trotzdem tat, musste in den Knast.

Der Mythos von den weissen Weihnachten

Dass Weihnachten und Schnee zusammengehören wie Sommer und Sonne ist in unseren Köpfen fest verankert – aber beides ist allzu oft nicht wirklich Realität. Die Frage, ob es „weiße Weihnachten" geben wird oder nicht, ist spätestens mit Beginn der Adventzeit in aller Munde. Die Firma Hartlauer führt jedes Jahr eine Schneewette für jede Landeshauptstadt durch und erstattet einen Teil des Kaufpreises bei Schnee am 24. wieder zurück. Wobei die Statistik eindeutig auf Seite der Firma ist.

Natürlich ist der Schnee an Weihnachten (und hier meine ich den eben gefallenen Weißen und nicht den braunen Matsch) auch mit gewissen Sehnsüchten wie immer an Weihnachten verbunden. In nicht wenigen Liedern wird uns warm ums Herz, wenn es darin draußen als so richtig kalt beschrieben wird. Leise rieselt etwa der Schnee während der See still und starr vor sich hin ruht. Bing Crosbys „I'm dreaming of a white Christmas" nährt diese Sehnsucht ebenso wie „Snow is falling". Der Winter, und hier vor allem der Schnee, eignet sich aber auch sehr gut, um mit jenen Gefühlen, die zu Weihnachten Hochkonjunktur haben, in Verbindung gebracht zu werden: Ruhe und Frieden. Doch wann gilt Weihnachten eigentlich als weiß? Reicht wie in England eine einzige Schneeflocke aus, um Weihnachten offiziell als „weiß" zu deklarieren? Mitnichten. Es ist allgemeiner Konsens, dass es bei uns eine flächendeckende Schneeschicht sein soll. Ob 1 cm oder 20 cm ist uns schon egal. Hauptsache, alles ist angezuckert. Wenn früher angeblich alles besser war, waren auch die Weihnachtstage früher tatsächlich weißer als heute? Zum Teil ja. Von den 1960er Jahren wissen wir, dass es hier fast durchwegs weiße Weihnachten gab. Dieses Jahrzehnt war allerdings auch überdurchschnittlich kalt. Ansonsten neigen wir als Menschen stark dazu, alle Ereignisse in der Vergangenheit, vor allem aber in der Kindheit, stark zu idealisieren. An die tristen, braunen Weihnachten erinnern wir uns weniger als an die wilden Bobfahrten in den Ferien. Ana-

WEIHNACHTEN SPÜREN

lysieren wir die Daten der Zentralanstalt für Meteorologie und Geodynamik (ZAMG) so sehen wir, dass es zwischen 1951 und 1981 doppelt so oft weiße Weihnachten gab wie von 1981 bis heute. Das heißt, dass weiße Weihnachten in den Landeshauptstädten im Vergleich zu den letzten 30 Jahren um die Hälfte seltener geworden sind. Das bedeutet wiederum, dass es in St. Pölten, Wien und Eisenstadt jedes fünfte Jahr weiß ist, in den anderen Landeshauptstädten jedes dritte Jahr. Lediglich in Innsbruck gibt es eine 50:50 Chance. Aber selbst im südtirolischen Bozen gibt es nur alle 7 Jahre weiße Weihnachten. Tatsächlich ist es gerade in Niederösterreich und Wien so, dass die Sache mit dem Schnee mehr die Ausnahme als die Regel ist. Denn zumeist herrscht schlicht und ergreifend Tauwetter am 24. Dezember, bis zu 10 Grad sind keine Seltenheit. Seriöserweise kann man erst frühestens 10 Tage vor dem Heiligabend sagen, ob es weiße Weihnachten geben wird.

Zusammenfassend können wir also festhalten: Sieht man sich die Wetterwerte seit Beginn der Aufzeichnungen 1869 an, so ist die Wahrscheinlichkeit, dass es im Osten Österreichs zu Weihnachten schneit (18%) um einiges geringer, als dass es regnet (26%). Doch der Mythos der weißen Weihnacht ist ja nicht auf Österreich begrenzt. Selbst in Florida, Kalifornien bzw. in Australien, wo um diese Zeit ja Hochsommer herrscht, gibt es künstliche Schneeflocken, künstliche Tannenbäume und anderes Winter-Zeugs. Eine „Nordifizierung" der Weihnacht hat also schon längst stattgefunden – ganz entgegen dem biblischen Befund. Freilich, mit Jesus hat Schnee zu Weihnachten in etwa so viel zu tun wie Marcel Hirscher mit Wüstensand. Vergleicht man alte Weihnachtskarten aus der Mitte des 19. Jahrhunderts, so stößt man auch auf Interessantes: Eine englische, mit einem „Father Christmas" aus dem Jahr 1845 etwa, zeigt der Region entsprechend keinen Schnee, während eine weitere englische Karte aus 1863 schon eine Schneelandschaft zeigt. Möglicherweise stammt diese Karte aber aus Neuengland, also aus Kanada, wo ja Schnee tatsächlich an der Tagesordnung ist – trotz des gleichen Breitengrades wie England.

Abgesehen von der möglichen Stimmung, die weiße Weihnachten erzeugt, haben jene weiße Weihnachten auch Nachteile: Bedenken wir: nicht wenige Menschen müssen, wenn es etwa an Heiligabend schneit, arbeiten – die Feuerwehr durch die vermehrte Unfallgefahr, der Straßenmeisterei oder den Gemeindearbeitern, die ja schließlich für schneefreie Gehsteige um diese Zeit sorgen sollen.

Und letztlich ist es eigentlich gar nicht so schlimm, wenn es zu Weihnachten keinen Schnee gibt. Denn Schnee besteht rein physikalisch ohnehin aus 95% Luft. Nur so ist erklärbar, warum er dermaßen langsam durch die Luft schwebt, ein Kubikmeter Schnee wiegt insgesamt 46 kg – übrigens ein Kubikmeter Wasser besteht logischerweise aus 1.000 kg.

WEIHNACHTEN EINORDNEN

DAS DATUM UND MÖGLICHE VORGÄNGER

DAS DATUM UND MÖGLICHE VORGÄNGER

Weihnachten ist im Vergleich zu anderen Festen eher jung und spielte vor allem im Urchristentum eine unbedeutende Rolle. Dies lässt sich auch schon an den Evangelien erkennen, da die Hälfte aller Evangelien die Ereignisse rund um die Geburt und selbst die Geburt Jesu gar nicht erwähnen.

Weihnachten im Frühchristentum

„Happy Birthday" schon in der Antike?

Das Interesse der frühen Christen an einer Feier zu Ehren des Geburtstages war enden wollend. Geburtstage wurden im Alten Ägypten, bei den Griechen sowie den Römern gefeiert, allerdings nicht so sehr wie heute. Vor allem das Ahnengedenken stand bei den Römern im Zentrum. Für Herrscher waren deren Geburtstage oft mit Dankesfesten verbunden sowie mit Schutzritualen. In der Bibel werden Geburtstage bis auf jenen von Hiobs Söhnen mit heidnischen (ägyptischen, hellenistischen) Herrschern in Verbindung gebracht – also unter einem negativen Licht.

Das frühe Christentum stand nicht zuletzt durch dessen große Nähe zum magischen Denken sowie zum (römischen) Heidentum dem Geburtstag sehr skeptisch gegenüber. Darum war es den ersten Christen wohl kein besonderes Anliegen, den Geburtstag Christi großartig zu gedenken bzw. zu begehen.

Nach dem Geburtstag Jesu etablierte sich das Gedenken für Mariens und des Täufers Geburtstag. Für die Normalsterblichen war es aber lange der Namenstag, der tatsächlich gefeiert wurde.

Weihnachten im Frühling?

Tatsächlich gab es aber sehr bald Bemühungen von frühchristlichen Theologen, das Weihnachtsfest zu berechnen. Die Ergebnisse waren keineswegs so klar wie der heutige Termin vermuten lässt: Der Frühling galt lange als Favorit. Hier verband man das Geburtsdatum mit dem Sterbedatum Ende März, Anfang April. Auch der Mai, und hier vor allem der 20. Mai galten als möglicher Geburtstermin.

Und auch die Tatsache, dass der 28. März als Datum herangezogen wurde, lässt uns schon vermuten, dass hierbei ein möglichst historisch genaues Datum nicht im Vordergrund stand: Denn der 25. März gilt als erster Tag der Schöpfung. Denn welchen Sinn mache es, wenn Gott seine Schöpfung im Winter oder Herbst zum Leben erweckt, wenn die Bäume gleich wieder ihre Blätter verlieren und die Tiere sich im Winterschlaf begeben? Da die Gestirne und hier auch die Sonne am vierten Tag erschaffen worden waren, kann Weihnachten demzufolge nur auf den 28. März fallen, da hier die „wahre" Sonne, Jesus Christus, geboren ist.

Auch die Tatsache, dass die Hirten auf freiem Feld zu übernachten scheinen (Lukas, 2,8), spricht eher für einen Frühlings- oder Sommertermin. In der Schrift eines gewissen Pseudo-Cyprian „De pascha computus" wird schon im 3. Jahrhundert belegt, dass Jesus „an eben dem Tag an dem die Sonne geschaffen wurde", dem 28. März, einem Mittwoch, geboren wurde.

WEIHNACHTEN EINORDNEN

Warum gerade der 25. Dezember?

Der römische Kalligraf Furius Dionysius Filocalus schrieb im Jahr 354 den Chronograph, den einzigen erhaltenen vollständigen Kalender aus dem 4. Jahrhundert. Bedeutend ist das Werk wegen seiner ersten ganzseitigen Buchmalereien. Für unser Thema relevant ist aber, dass darin wohl das erste Mal nachweislich festgehalten wird, dass Jesu Geburt für den 25. Dezember belegt ist. Auch Papst Liberius hinterließ uns eine Weihnachtspredigt für dieses Jahr. Schon für das Jahr 336 ist uns ein Bericht über den 25. Dezember erhalten, was bei manchen Forschern den Schluss zuließ, dass am 25. Dezember 336 auch tatsächlich das erste Weihnachtsfest gefeiert wurde. Doch der erste Beleg bedeutet nicht automatisch, dass es nicht schon vorher begangen worden wäre.

Die vermutlich erste Erwähnung dafür, dass Christen zumindest etwas Ähnliches wie Weihnachten gefeiert haben geht auf den römischen Historiker Ammianus Marcellinus (ca. 330–395) zurück. Dieser erzählt nämlich, dass im Jahr 361 Kaiser Julian, der später Apostata, am 6. Jänner einen Gottesdienst zum Fest der Epiphanie besucht hat. Allerdings über eine Geburt erwähnt Ammianus noch nichts. Was aber nicht heißt, dass an diesem 6. Jänner nicht auch die Geburt gefeiert wurde. Lange Zeit wurde am 25. Dezember und am 6. Jänner Weihnachten gefeiert, je nachdem ob im Westen oder Osten.

Noch zuvor fand das Konzil von Nizäa 325, das erste ökumenische und damit weltweit stattfindende Konzil, statt. Es spricht für sich, dass es sich nicht mit dem Geburtsfest auseinandersetzt, dass also zur damaligen Zeit dringendere Themen behandelt wurden und Weihnachten noch keine Rolle spielte.

24. ODER 25.?
ODER: WARUM EIGENTLICH „HEILIGABEND"?

Wir müssen uns die Tatsache eingestehen, dass wir es schlicht und einfach nicht wissen an welchem Tag Jesus wirklich geboren ist. Die Wahrscheinlichkeit, dass er am 25. Dezember geboren ist, beträgt 1 zu 365. Und ich persönlich glaube auch nicht, dass es die Christen um das Jahr 300 noch wussten. Eines können wir daher festhalten: Bei der Festlegung auf den 25. Dezember spielte es eine sekundäre Rolle, das historische Datum genau zu rekonstruieren. Es ist aber offensichtlich, dass sich das Weihnachtsfest innerhalb weniger Jahrzehnte sehr erfolgreich ausbreitete. Die Botschaft hat scheinbar damals einen Nerv der Zeit getroffen, so dass dieses Fest sehr beliebt geworden ist. Die immer wieder beschriebenen Parallelen zu heidnischen Festen sind in den Predigten der frühen Kirchenväter über Weihnachten nicht wirklich belegbar.

Als Weihnachtsfeiertag im klassischen Sinn gilt der 25. Dezember. Im Kirchendeutsch heißt das dann „Hochfest der Geburt des Herrn" (Sollemnitas in nativitate Domini).

Es ist eine alte v. a. jüdische Tradition, dass der (Fest)Tag mit dem Abend davor beginnt. Der Sabbat etwa wird ja bereits am Freitagabend gefeiert. Dieses Prinzip wurde vom Christentum übernommen. Man denke nur an die Vorabendmesse samstags oder zum Teil auch die Feier der Osternacht. Der Ostersonntag ist zwar der ranghöchste Feiertag, aber die (Vor)Feier am Abend davor hat diesem in der Beliebtheit nahezu den Rang abgelaufen. So verhält es sich bei 24. und 25. Dezember auch.

Sol Invictus: Vorbild, Konkurrent oder weder noch?

Östliche Modeerscheinung

Die wohl am meisten verbreitete Meinung in Sachen Ursprung des Weihnachtsfestes lässt sich wie folgt zusammenfassen: Der Kult der unbesiegten Sonne, des Sol Invictus, erlebte im 3. Jahrhundert einen Boom. Bisher wurde davon ausgegangen, dass mit der Einführung des Sol Invictus-Festes durch Kaiser Aurelian im Jahr 274 ein (vor)letzter Versuch unternommen wurde, die Bewohner des Reiches unter einer (heidnischen) Religion zu vereinen. Daher soll die Kirche der Konkurrenz des heidnischen Sonnengottes das wahre Licht der Welt, nämlich Jesus Christus und seine Geburt, entgegengesetzt haben. Oder der Sol Invictus-Fan Konstantin hat das christliche Geburtsfest mit dem des Sol Invictus zusammengelegt.

Wer ist nun dieser Sol Invictus? Um das Jahr 270 herum war das Römische Reich geschwächt durch eine Unzahl an Bürgerkriegen und Herrscherwechsel, in mehrere Teilreiche zerfallen. Aurelian war es, der als wohl erfolgreichster Soldatenkaiser die einzelnen Sonderreiche besiegte und wieder dem Reich zuführte. Er förderte als einigenden Reichskult eben diesen Sonnengott. Man spricht hier von einem „Henotheismus". Dies ist der Glaube an einen höchsten Gott, im Unterschied zum Monotheismus werden aber untergeordnete Götter nicht ausgeschlossen.

Parallel dazu war damals der orientalische Kult des Mithras populär, vor allem unter Soldaten, die diesen aus dem Osten mitgebracht hatten. Mithras wurde aber nie dem Sol Invictus gleichgesetzt oder mit diesem identifiziert, sondern blieb immer untergeordnet. Allerdings kam es natürlich zu einer Übernahme von Elementen. Als Gottheit setzte Sol auch die Kaiser in ihr Amt ein.

Gaius Julius Caesar ist unter anderem auch für seine Kalenderreform bekannt. Dabei wurde der 25. Dezember als kürzester Tag des Jahres, d.h. als Wintersonnenwende definiert – allerdings ohne religiöse Bedeutung. Da der julianische Kalender aber bekanntlich nicht ganz genau ist, wanderte die astronomische Sonnenwende im Lauf der Jahrhunderte nach vor, so dass wir den 21. Dezember für die Spätantike datieren können. Das war den Sol Invictus-Anhängern aber ziemlich wurst, sie hielten den bisherigen Termin der Wintersonnenwende, also den 25., für geeigneter als Geburtstagfest ihres Gottes. So entstand dieser Tag als staatlicher Feiertag der Geburt des Sol. Wie sehr dieser Tag allerdings auch tatsächlich gefeiert wurde, ist unklar.

Auf jeden Fall galt die direkte Kontinuität des Weihnachtsfestes mit einem heidnischen Fest wie dem des Sol Invictus lange Zeit als gegeben. Letztendlich bleiben zwei Thesen übrig:

a) Die junge Kirche platziert den Weihnachtstermin absichtlich auf den Sol Invictus-Tag, um diesen einerseits zu verdrängen und andererseits dessen Popularität zu nutzen, um möglichen Interessenten bzw. neuen Anhängern einen Umstieg zu erleichtern.

b) Die Festlegung des Weihnachtsfestes wurde politisch von ganz oben, also vom Kaiser Konstantin (der Bischof vom Rom hatte damals keinerlei herausragende Stellung) verordnet.

Konstantins Religionspolitik

Konstantins Konsenspolitik lässt sich im Wesentlichen charakterisieren als eine stark inklusive, die versucht die vielen verschiedenen religiösen Strömungen unter einem kleinsten gemeinsamen Vielfachen zu vereinen. Manche meinen, dass dies gerade der Sonnenkult gewesen sein dürfte. Dies hatten auch andere Kaiser vor ihm schon versucht, da sie um die enorme Macht der Religion Bescheid wussten. Allerdings war es bei den Kaisern bisher üblich, Christen als dazu nicht kompatibel zu sehen und sie deswegen zu verfolgen. Konstantin wollte sie ganz offensichtlich mit ins multireligiöse Boot holen.

Und übrigens war es auch jener Konstantin der den Sonntag als wöchentlichen Ruhetag staatlich verordnete. Die Verbindung zum Sonnenkult wird zumindest in der deutschen sowie der englischen Sprache in der Bezeichnung des Sonntags offensichtlich. Dieser wurde 321 von Konstantin per Erlass zum Feier- und Ruhetag deklariert. Lateinisch reden wir hier vom dies solis bzw. dann vom dies dominicia, also dem Tag des Herrn. Allerdings war dieser Tag immer schon der Auferstehungstag und stand schon biblisch fest, orientiert sich also nicht am römischen Sonn(en)tag.

Was wir hingegen fix annehmen können ist, dass es keine offizielle großangelegte Einführung des Festes gegeben hat. Dies war später der Fall etwa bei Fronleichnam oder bei einem Fest mit einem historischen Ereignis im Hintergrund. Auch wenn dies heute seltsam scheint, so können wir sagen, dass sich Weihnachten zu Beginn eher schleichend entwickelt hat. Wäre Weihnachten etwa von Konstantin selbst befohlen worden wie dies manche Historiker annehmen, so hätte es sicher so manches Proklamationsdokument gegeben oder es wäre uns in irgendeiner Form indirekt überliefert worden. Davon findet sich aber nichts.

Nun war aber Konstantin weder Papst noch Bischof oder Patriarch und so war seine religionspolitische Theologie nicht unbedingt eins zu eins gleichzusetzen mit der Theologie des frühen Christentums. Denn sich von Konstantins Religionspolitik vereinnahmen zu lassen ging den Christen natürlich etwas zu weit. Zumal noch immer der biblische Schöpfungsbericht eine beachtliche Stellung einnahm und einer Sonnenverehrung widersprach: Denn dieser Text war für damalige Verhältnisse revolutionär, da er stark auf eine Entmythologisierung setzte. Das heißt, dass eben nicht die Gestirne wie Sonne, Mond und Sterne als göttlich angesehen werden, sondern als Kreation Gottes. Sich daher unter einem Sonnengott in irgendeiner Form zu sammeln

WEIHNACHTEN EINORDNEN

war ein absolutes No-Go. Denn die Sonne ist weder etwas Göttliches noch etwas Verehrungswürdiges, genauso wenig wie ein menschlicher Kaiser. Dafür waren Christen ja schon lange zuvor verfolgt und in den Tod geschickt worden.

CHRISTUS ALS SONNE

Die Bezugnahme auf die Sonne von Christen und auf das Wiedererstarken der Sonne ist nicht unbedingt automatisch eine Aufnahme von heidnischer Terminologie, sondern kann auch mit der Bibel begründet werden. Allerdings wäre die Bezeichnung von Christus als „Sonne der Gerechtigkeit" (wie in Maleachi 4,2) eine Basis, auf der man sonnkult-technisch aufbauen konnte. Gerade die Lichtsymbolik ist aber auch in der Bibel schon länger belegt („Ich bin das Licht der Welt", Johannes 8,12) und frühen Christen sicherlich vertraut gewesen. Die geistlichen und spirituellen Impulse der Spätantike konnten gut mit denen des Christentums in Einklang gebracht werden. Ein wesentlicher weiterer Unterschied ist, dass Christus (wenn man ihn schon als neue Sonne bezeichnet), ja nicht identifiziert wird mit eben dieser Sonne. Genauso wenig wie man ihn mit einem Lamm gleichsetzt oder den Heiligen Geist mit der Taube.

Noch unter Maximus von Turin († um 420) war die Gleichsetzung von Christus mit der Sonne ein wichtiges Thema. In seinem Sermo LXI a schreibt er über die Lichtmetapher: „Das Kommen Christi als der neuen Sonne werde unser Sündendunkel erleuchten, die Sonne der Gerechtigkeit werde kraft ihrer Geburt die lange Finsternis unserer Verfehlungen verscheuchen und nicht dulden, dass unser Lebenslauf in hässlicher Kürze ende, sondern durch die Gnade ihrer Kraft verlängert werde.

Wie an jenem Tag die Welt ihre Helligkeitsdauer (wieder) ausdehnt, so wollen auch wir unsere Gerechtigkeit ausdehnen. Und wie die Erhellung an jenem Tag für reich und arm die gleiche ist, so soll auch unsere Freigebigkeit gegenüber fremden Gästen und Notleidenden die gleiche sein."

Noch ein kleiner Exkurs in den Sommer: Zwischen dem 20. und dem 22. Juni findet ein halbes Jahr vor (oder nach) Weihnachten die Sommersonnenwende statt. Da Johannes der Täufer ja sechs Monate älter als Jesus war, fällt der Johannistag auf den 24. März. Es liegt also genau ein halbes Jahr zwischen den beiden (vergleiche dazu Lukas 1, 26). Die Symbolik hier ist allerdings auch sehr interessant, gemäß Johannes 3,30 sagt der Täufer: „Er muss wachsen ich aber muss kleiner werden." Dies kann man natürlich ganz offensichtlich auf die Sonne beziehen denn nach dem Fest des Täufers, also nach der Sommersonnenwende, nimmt die Sonne wieder ab, nach dem Fest der Geburt Christi nimmt sie wieder zu.

Doch kein Vorgänger?

Diskutiert wird, ob sich der Sonnenkult tatsächlich im ganzen Reich dieser enormen Beliebtheit erfreute und ein regelrechtes Mode-Phänomen war. Tatsache ist, dass gerade in der Zeit der Soldatenkaiser und in den schon seit Jahrhunderten starkem Militär der Sol Invictus als ein unbesiegter Sonnengott durchaus starken Anklang finden konnte. Diverse Kaiser ließen sich auf Münzen selbst als dem Sonnengott Helios ähnlich mit einem Sonnen-Strahlenkranz darstellen. Nur betrachtet man die römische Religionsgeschichte, so stellt man fest, dass die Römer nicht unbedingt große Sonnenfreunde waren. Die klassischen Sonnengötter wie Hyperion oder Helios spielten eine absolut untergeordnete Rolle, bestenfalls Apollo und der ägyptische Sarapis hatte noch eine mehr oder weniger prominente Funktion. Kaiser Maximinus Daia (305 bis 313) bemühte sich sogar diesen Sarapis als Konkurrenz zum stärker werdenden christlichen Gott zu fördern. Übrigens ließ sich Konstantin selbst in seiner eben gegründeten neuen Hauptstadt Konstantinopel noch als Sonnengott darstellen.

Nach dem Kirchenhistoriker Hans Förster besteht der Haken allerdings in der Tatsache, dass die außerchristlichen Daten für das große Fest des Sol Invictus am 25. Dezember sehr dürftig sind. Denn vor allem an den christlichen Predigten mit ihrer Symbolik der Sonne und des Wiedererstarkens hat sich bisher die These von der großen Verbreitung des Sol Invictus aufstellen lassen.

Nach Förster gibt es allerdings nur zwei kleine Indizien dafür. Und Quellen aus vorchristlicher oder tatsächlich zeitgenössischer frühchristlicher Zeit fehlen gänzlich. Wir wissen einzig von der Einweihung eines Sonnentempels 275, die vermutlich (und logischerweise) am 25. Dezember stattgefunden haben kann, aber von einem Kult, der über das ganze Reich verbreitet war, wissen wir nichts.

Was sagen die Kirchenväter?

Darüber hinaus erwähnt auch keine einzige zeitgenössische christliche Predigt ein heidnisches Fest am 25. Dezember! Das ist insofern bemerkenswert, als dass etwa Augustinus stark gegen den 25. Juni polterte. Das waren die Feierlichkeiten zur heidnischen Sonnenwende und Jahreswechsel. Hier läge es doch nahe auch gegen die Wintersonnenwende zu polemisieren. Tatsächlich gibt es mit Maximus, dem Bischof von Turin, sogar einen namhaften Vertreter, der im frühen 5. Jahrhundert davon Zeugnis gibt, dass Weihnachten sogar zwischen zwei heidnischen Festen nämlich den Saturnalien und den Kalenden des Jänners liege. Er hätte seine ganze Autorität verloren, wenn dies nicht stimmen würde bzw. es tatsächlich ein bedeutendes heidnisches Fest am 25. Dezember gegeben hätte.

Davor legte schon Johannes Chrysostomos (349/344–407) in Konstantinopel dar, warum der 25. Dezember der beste Termin für die Feier von Weihnachten wäre. Der große Patriarch versuchte den Termin ganz unabhängig von heidnischen Festen zu berechnen: Nach dem Lukas-

Evangelium bekommt Zacharias vom Engel die Nachricht, dass seine Frau Elisabet einen Sohn bekommen werde. Dies geschieht nach Chrysostomos während Zacharias' Tätigkeit beim Allerheiligsten, was nur dem Hohenpriester bestimmt war und zwar an Jom Kippur. So kommt Chrysostomos auf den 25. September, von dem er nun alle anderen Ereignisse ableitet. Als Elisabet schon sechs Monate schwanger ist, erfährt Maria von ihrer Schwangerschaft. Damit sind wir beim 25. März. Daraus resultiert die Geburt Jesu nach neun Monaten am 25. Dezember.

Unabhängig davon, ob Chrysostomos mit seiner Berechnungsmethode wirklich ganz richtig liegt, zeigt es doch, dass den Sonnenwendkulten nicht so viel Bedeutung beigemessen wurde.

Und auch Hieronymus erzählt um 410, warum die Kirche im Westen mit dem 25. Dezember das richtige Datum für das Weihnachtsfest gepachtet hat und nicht die Gemeinde von Jerusalem. Damals war es also oft verbreitet, theologische Gegner des Heidentums anzuklagen. Doch weder Hieronymus noch Chrysostomos werfen ihren Gegnern vor, dass Weihnachten an einem heidnischen Fest gefeiert wird. Es gibt nämlich natürlich auch die Möglichkeit, dass die Termine für Weihnachten genau deswegen gewählt worden sind, weil sie dieser Tage eben nicht mit wichtigen Festen des Heidentums konkurrieren.

Darüber hinaus sollte noch erwähnt werden, dass es schon im zweiten Jahrhundert erste Überlegungen zum Termin gab. Origenes (185–254) gibt an, dass Jesus im Jänner getauft worden ist. So haben wir wohl ganz unabhängig vom Sonnenkult eine zeitliche Nähe zum heutigen Datum des Weihnachtsfestes.

Ephraim der Syrer (306–373) schreibt: „Die Nacht ist da, die Nacht, die aus dem Weltall den Frieden geschenkt hat." In seinem Hymnus auf die Geburt Christi beschreibt er eine Höhle, in der Jesus geboren sein soll und erwähnt schon die Krippe mitsamt den Windeln. Zusätzlich zieht er einen interessanten Vergleich zwischen Moses und den Magiern bzw. Sterndeutern:

MOSES	MAGIER
Wünschte die Herrlichkeit Gottes zu sehen, konnte es aber nicht	Die Magier traten ein und sahen den menschgewordenen Gott
Bereitete/Offenbarte das Geheimnis vor, in dem er Gott im Dornbusch erkannte	Die Magier brachten dieses Geheimnis zur Erfüllung, in dem sie „das Licht in den Windeln sahen"
Musste die Schuhe ausziehen, da er auf heiligem Boden stand	Der Stern lud die Magier schweigend dazu ein, heiligen Boden zu betreten
Mose Angesicht leuchtete, weil Gott mit ihm geredet hatte, und ein Schleier verhüllte sein Gesicht, weil das Volk ihn sonst nicht anschauen konnte	Gott hat sich im Mutterleib mit dem Schleier des Fleisches umhüllt und ist dann hervorgetreten und hat sich gezeigt, und die Magier sahen ihn und brachten ihre Geschenke dar

In einen Brief an einen gewissen Januarius erwähnt Augustinus um das Jahr 400, dass der Geburtstag des Herrn weniger Fest eines Mysteriums ist, als vielmehr ein Erinnerungsfest – ein Gedächtnis der Geburt Christi. Es ist also die Feier eines konkreten historischen Ereignisses.

Weihnachten setzt sich durch

Feier in der ganzen Christenheit

Wir können nicht wirklich sagen, dass die Christen das heidnische Fest übernommen hätten oder dass Weihnachten von Heiden erfunden worden wäre. Gewissheit sieht leider anders aus. Eins ist aber klar: Die Feier des Weihnachtsfestes war den Christen um 300 herum ein echtes religiöses Bedürfnis. Was wir so also einigermaßen gut verfolgen können ist, wie sich Weihnachten in den weiteren Jahren und Jahrhunderten entwickelte und verbreitete. Spätestens um 350 wird Weihnachten in Antiochien, Konstantinopel und in Kleinasien gefeiert, ab 400 auch in Alexandria und Jerusalem. Dass Weihnachten zentral von Rom aus verbreitet worden ist, können wir ziemlich sicher ausschließen. Papst Julius I. (gestorben 352) soll den 25. Dezember im Jahr 350 als Festtag des Geburtstages Christi endgültig beschlossen haben. Aber eben erst einmal nur für Rom geltend.

Vom eben beschriebenen Johannes Chrysostomus wissen wir um 380 aus einer Predigt, dass Weihnachten in Byzanz damals noch keine zehn Jahre bekannt und vertraut war. Aber es war ein Fest, dass derart eifrig begangen wurde, als ob es schon seit langer Zeit überliefert worden wäre. Es sei ein neues Fest, weil es erst seit wenigen Jahren gefeiert werden würde und alt, weil es den „ältesten Festen ebenbürtig" sei. Er meint auch, dass dieses Fest bei den Bewohnern des Westens schon lange bekannt ist und nennt explizit das spanische Cadiz bzw. damals Gades.

Im 4. Jahrhundert entwickelte sich eine Art Pilgerschaft und Reise-Tourismus, bei dem man mit der Bibel in der Hand durch das Heilige Land marschierte. Dort besuchte man die wichtigsten Orte und Stationen im Leben Jesu. Und da gehört nämlich Bethlehem mit seiner Geburtskirche und Grotte dazu. Es ist nur allzu logisch und nachvollziehbar, dass hier auch eine Form der speziellen Liturgie geschaffen worden ist, nämlich das Gedenken der Geburt Christi.

Für 380 ist uns ein Reisebericht einer Pilgerin namens Egeria erhalten. Hier heißt es, dass als der Abend anbrach, eine große Menschenmenge mit dem Bischof nach Bethlehem wanderte und zwar dorthin wo Jesus geboren worden sein soll. Dann wurden die biblischen Geschichten vorgelesen, sowohl die des Lukas als auch jene des Matthäus. Wir sehen hier schon, dass es bereits Gedächtnisfeiern gab, die aus dem Wunsch nach einem gewissen pastoralen Bedürfnis gewachsen waren.

Papst Leo der Große (400–461) sieht um 450 Weihnachten bereits als Teil eines göttlichen Planes der Erlösung, da Weihnachten ja der Tag ist, an dem uns diese neue Erlösung gebracht wird. Weihnachten wird vor allem ein Mysterium und weniger eine historische Reminiszenz. Leo nahm die Entwicklung von Weihnachten als globalisiertes Fest schon (wohl unbeabsichtigt) vorweg. In seiner 21. Predigt meint er: „Niemand wird von der Teilnahme an dieser Jubelfeier ausgeschlossen, alle haben den gleichen Grund in festlicher Stimmung zu sein. Denn da unser Herr, der die Sünde und den Tod vernichtet hat, niemand findet, der ohne Schuld ist, so kommt er, um alle zu befreien."

Und zur Menschwerdung sagt Leo: „Wäre er nicht wahrer Gott, so brächte er keine Erlösung; wäre er nicht wahrer Mensch, so böte er uns kein Beispiel. Darum wird auch von den jauchzenden Engeln bei der Geburt des Herrn gesungen: Ehre sei Gott in der Höhe! Darum wird auch den Menschen auf Erden, die guten Willens sind, Friede verheißen."

Schon sehr bald in frühchristlicher Zeit war dieser Tag ein Adam und Eva-Gedanktag. Jesus wird durch sein dorthin gelegtes Geburtstagsfest zum zweiten Adam. Nicht selten findet sich auf vielen Kreuzigungsszenen unter dem Kreuz ein Totenkopf – der Schädel Adams. Jesus hat den möglicherweise verlorengegangenen Kontakt zu Gott wiederhergestellt und den Sündenfall obsolet gemacht.

Zum großen theologischen Streitthema wurde Weihnachten indirekt beim Konzil von Ephesus (431) als es darum ging, ob Maria Christus- oder eben auch Gottesgebärerin genannt werden kann. Letzteres war der Fall, was zu einer großen Aufwertung Mariens führte. Dies manifestiere sich nicht zuletzt in den Krippendarstellungen der Zeit. Das Konzil von Chalcedon 451 legte Christus schließlich als wahren Gott und wahren Mensch fest. Zu dieser Zeit hatten sich schon die Weihnachtsfeste etabliert für den 6. Jänner im Osten und im Westen für den 25. Dezember. Allerdings – und das ist bemerkenswert – gibt es im Gegensatz zu Ostern keine großen Streitereien um das Datum. Das kann nur bedeuten, dass Weihnachten schon stark in den Gesellschaften verankert war.

Vermutlich entstanden die beiden Geburtstagsfeste unabhängig voneinander am 6. Jänner (epiphania) und dem 25. Dezember (Natale oder nativitatis domini nostri Jesu Christi). Die Ausbreitung beider Feste ging sehr schnell vor sich. Und sehr bald wurde das Fest zum zweiten großen Ankerpunkt neben Ostern. Weihnachten und die historischen Geschehnisse dazu wurden sogar so wichtig, dass Dionysius Exiguus (ca. 470–550) künftig das Geburtsjahr Jesus, und nicht das liturgische eigentlich bedeutendere Todesjahr Jesu oder die Schöpfung der Welt zur Berechnung einer neuen Zeitrechnung, hernahm. Dass er sich ein bisserl verrechnet hat, ist freilich ein anderes Thema.

Mit der Zeit ging dann das Weihnachtsfest vom 6. Jänner, auch in der orthodoxen Kirche bzw. im Osten, auf den 25. Dezember über. Das erkennen wir daran, dass auch die Lesungen und Evangelien sich auf den Dezember-Termin verlegt wurden.

Erste liturgische Berichte zeigen, dass im Westen zu Beginn von Maria und Josef und dem klassischen Weihnachtsevangelium keine Rede ist, wir hören nichts von Hirten, Sterndeutern, Engeln oder Krippen. Es wurde schlicht und ergreifend der Johannes-Prolog („Im Anfang war das Wort") gelesen. Und zwar am Morgen des 25. Dezember. Die Ausweitung auf mehrere liturgische Feiern geschah unter Gregor dem Großen (590 bis 604) als es schon drei Weihnachtsmessen gab. Den Beginn machte eine missa in nocte, also eine Mitternachtsmesse die in Santa Maria Maggiore

gefeiert wurde. Als Evangelium für diese Mitternachtsmesse wurde das klassische lukanische Weihnachtsevangelium genommen.

Die durchaus stattliche Weihnachtsliturgie verbreitete sich schnell vor allem über das Frankenreich. Im Zentrum der Liturgie standen aber immer die Gottheit Christi und weniger die Menschwerdung. Diese Form der Jesus-Frömmigkeit kam erst ab dem Mittelalter auf. Bald wurde der Fokus auf das Kind in der Krippe gelegt.

Die Synode von Mainz im Jahr 813 ordnete das Christfest verbindlich für den deutschen Raum an. Es war auch vorgeschrieben, vom 21. Dezember an für drei Wochen alle Streitereien und Forderungen ruhen zu lassen. Krieg wurde zumindest bis ins 20. Jahrhundert im Winter aber ohnehin selten geführt.

Wer feiert wann?

Nun ist Weihnachten freilich kein rein katholisches Fest auch alle anderen Kirchen feiern. Die armenisch-apostolische Kirche kombiniert die Geburt Christi mit der Taufe im Jordan am 6. Jänner. Gefeiert wird dann bis zum 13. Jänner. Damit steht sie aber ziemlich alleine da.

Pauschal kann man sagen, dass die evangelischen Kirchen, die altkatholische Kirche und die evangelisch-methodistische Kirche wie die Katholiken feiern.

Es gibt 14 autokephale (jene altorientalischen und orthodoxen Kirchen, die ein eigenes Oberhaupt haben) und die meisten von ihnen feiern Weihnachten auch am 25. Dezember. 13 Tage nach dem 25., also am 7. Jänner, feiern lediglich die russisch-, georgisch- und serbisch-orthodoxen Kirchen das Weihnachtsfest.

Es ist also ein großes Missverständnis, dass die orthodoxen Kirchen ausschließlich am 6. Jänner Weihnachten feiern. Sie feiern nämlich weniger am 6. Jänner Weihnachten, sondern eh am 25. Dezember, nur orientieren sich einige dieser orthodoxen Kirchen liturgisch eben am julianischen Kalender der 13 Tage zurückliegt. Daher wird Weihnachten ja nur scheinbar am 7. Jänner gefeiert. Bräuche wie ein Christbaum oder ein Adventskranz sind im Normalfall dort nicht üblich. Die koptischen Christen feiern Weihnachten am 7. Jänner bzw. bei ihnen am 29. Tag des Monats Khiakh. Unter anderen gibt es hier in der Kirche einen Kinderkarneval. Nicht wirklich gefeiert wird der Heiligabend bei der neuapostolischen und bei der syrisch-orthodoxen Kirche. Bei Letzterer beginnen die Feierlichkeiten am Christag allerdings dafür schon um 6.30 Uhr morgens mit Choralgesängen gefolgt von einer mehrstündigen Messe. In vielen anderen kleineren Freikirchen finden keine besonderen Weihnachtsgottesdienste statt, man zieht sich in den Familienkreis zurück.

Am 25. Dezember feiern wir biblisch eigentlich Weihnachten nach Lukas. Am 6. Jänner kommen die Sterndeuter, also feiern wird hier ein wenig Weihnachten nach Matthäus. Dass dies allerdings nicht die exakten Daten sein können, ergibt es rein aus der Logik: Es ist schon mal extrem unrealistisch, dass die Magier tatsächlich 13 Tage lang brauchten, bis sie die beschwerliche Reise von unglaublichen 10 Kilometern von Jerusalem nach Bethlehem bewältigt haben (bei diesem Tempo müssten sie den Stern im Osten schon mehrere Jahre vor der eigentlichen Geburt hätten aufgehen sehen). Weitaus unrealistischer ist es, dass Josef und Maria mit ihrem kleinen Jesus tatsächlich noch fast 2 Wochen gewartet haben, bis die Magier endlich angekommen sind. Zumal ja auch der Kindermord in Bethlehem unmittelbar vor der Türe stand.

Doch nur die christliche Version eines germanischen Festes?

Die Frage nach den heidnischen und/oder römischen Wurzeln mag vielleicht eine rein theoretische sein über die sich bloß Gelehrte zu streiten haben. Allerdings wird von führenden Atheisten gerade diese Verbindung immer wieder hergenommen um das Christentum und seine Wurzeln als bloße Nachmache oder Kopie von weitaus älteren Originalen darzustellen.

Manchmal wird behauptet, dass die heidnischen Lichterfeste gerade für Weihnachten Vorbild waren. Das erscheint mir nur zum Teil sinnvoll. Einerseits sind Lichterrituale ob der Jahreszeit und der Dunkelheit sowieso kaum an eine Religion gebunden und andererseits muss man zuerst einmal definieren, was unter „heidnisch" zu verstehen ist. Etwas halbwegs Brauchbares wissen wir nämlich nur von den römischen Festen und hier vor allem von den Saturnalien.

Keltische oder germanische Feste werden heute gerne fantasievoll beschrieben, historisch gesehen ist das aber meistens Quatsch. Über die keltische Religion etwa wissen wir nahezu ausschließlich durch die

Römer etwas – und die waren weder was die Kelten noch was die Germanen betrifft wirklich neutral. Übrigens gibt es überhaupt keine seriösen Belege dafür, dass Weihnachten irgendetwas mit germanischen Kulturen zu tun hätte. Das sind schlichtweg Erfindungen oder Uninformiertheiten von Atheisten oder Neopaganen, die das christliche Weihnachten abwerten und ad absurdum führen wollen.

Mögliche Verbindungen zum nordischen Heidentum sind auch deswegen zu relativieren, da die Wintersonnenwende sicherlich nicht nur bei den Germanen oder Kelten ein natürliches Fest und Ereignis war. Gerade jene die Weihnachten aus dem religiösen Kontext reißen wollen, führen als Argument ins Treffen, dass das Fest eigentlich ein naturgegebenes ist und verweisen gerne auf die Wintersonnenwende, die älter als die Menschheit selbst ist. So hat man dann ein „ursprüngliches" Weihnachtsfest, gereinigt von religiösen (also christlichen) Irrwegen. Nicht zuletzt Nationalsozialisten haben das mit ihrem Julfest gefördert und auch in der DDR gab es starke Tendenzen, dass der Jahreswechsel als etwas nicht Christliches und Naturgegebenes wahrgenommen wurde. Was aber auch nicht frei von Ironie ist, zumal der Jahreswechsel ja keineswegs ein natürliches Ereignis ist und von Kultur zu Kultur von Römern bis Chinesen zu einem anderen Zeitpunkt gefeiert wird als heute üblich.

Von atheistischen Intellektuellen hört man zuweilen auch, dass es bei Weihnachten nicht um die Menschwerdung Gottes (an die sie nicht glauben können), sondern um die Menschwerdung des Menschen gehe. Und dass man die humanistischen Elemente von ihrem religiösen Beiwerk befreien sollte. Es ist tatsächlich schwer nachzuvollziehen, wie man dem Weihnachtsfest mit Jesus seine nicht zuletzt auch historische Mitte und Bedeutung nehmen will und damit das Fest per se ad absurdum führt. Gerne wird dabei auch immer gesagt, dass der 25. Dezember der Tag der nordischen Wintersonnenwende wäre. Selbst wenn dies der Fall wäre, so hätte ja auch das germanische Fest einen massiv religiösen Gehalt. Nur ist es wohl nicht „der Fall".

Konsequente Ablehnung von Weihnachten

Die „Wurzeln" in heidnischen Festen sind auch Hauptargument für die Zeugen Jehovas, das Weihnachtsfest nicht zu feiern und abzulehnen. Darüber hinaus argumentieren sie (nur halbrichtig), dass das Fest erst mit dem Chronograf von 354 bezeugt ist und ab da gefeiert wurde. Und dass in der Bibel nichts steht, ist für die Zeugen sowieso das wichtigste Argument. Bleibt die Frage, ob durch eine mögliche Unzuverlässigkeit des Datums gleich die ganze Feier abgeblasen werden muss.

Auch einzelne kleinere v. a. evangelikale Gemeinden, die die Bibel streng wortwörtlich nehmen, lehnen Weihnachten ab, da es von der Katholischen Kirche „befohlen" wurde (ich hoffe, nach der Lektüre der letzten Kapitel sind Sie hier nun anderer Meinung) und sich abermals in der Bibel nichts darüber findet.

Während Martin Luther übrigens mit dem Weihnachtsfest selbst keine Probleme hatte, waren es einige seiner Nachfolger vor allem in der Schweiz und in England, die dieses Fest gänzlich abschaffen wollten. Vor allem die spätere Einführung sowie die mögliche Kontinuität eines heidnischen Festes waren Gründe dafür. Vor allem aber, dass die römische Kirche sich dem Heidentum angenähert hatte, ja ein heidnisches Fest angeblich sogar übernommen hatte, zeigte doch eindeutig deren Irrweg.

Doch auch ein Vergleich mit dem germanischen Julfest steht auf allzu wackeligen Beinen. Schon Nationalsozialisten hatten sich darum bemüht, das „urgermanische" Fest zu betonen und das christliche Weihnachtsfest bloß als Überstülpung zu kennzeichnen. Statt des Christbaumes gab es dann etwa die Jul-Tanne. Der Haken daran heißt Hakon: Snorri Sturluson, der berühmte Autor der Edda, berichtet uns von Hakon I. (ca. 920–960) und zwar dass dieser per Gesetz verordnete, das Julfest künftig zu der Zeit abzuhalten, in der Christen ihr Weihnachtsfest begehen, also am 25. Dezember. Wann wurde Jul davor gefeiert? In der Mittwinternacht, also Mitte Jänner. Etwas veraltete Meinungen gehen allerdings auch von der Wintersonnenwende aus oder vom November. So oder so: Der alte Mittwinter- und Julfest-Termin wurde also tatsächlich erst lange nach Weihnachten mit diesem zusammengelegt.

Jul selbst ist übrigens im Wesentlichen ein Rad, das zum Julfest mit Strohseilen umwickelt wurde und einen Hang runtergerollt wurde. Dies sollte den kommenden Sieg der Sonne symbolisieren und beschleunigen, ja die Sonne geradezu herbeizaubern. Zusätzlich wurden Bergfeuer entzündet. Da wir von den alten Germanen schlicht und ergreifend kaum authentische Quellen haben, ist das Thema schlecht erforscht und es wird der Fantasie freier Raum gelassen. Es ist auch eine Gefahr, wenn man versucht, die alten Feste mit weitaus späteren Bräuchen zu rekonstruieren.

Unterm Strich kann man zum Schluss kommen, dass die Wintersonnenwende als paralleles Fest und Vorbild für Weihnachten durchaus überschätzt wird. Aber trotz aller Skepsis vor einer großen Einflussnahme: Zu (gegenseitigen) Beeinflussungen wird es durchaus schon gekommen sein – das darf man nicht von vornherein ausschließen.

Und zum Schluss: Das Wort „Weihnachten"

Eines bin ich Ihnen noch schuldig geblieben: das Wort „Weihnachten". Dieses passt gut zur Thematik, denn es stammt aus dem Althochdeutschen und soll von „Wih" oder „Wich" kommen, was soviel wie „geheiligt" und „geweiht" bedeutet und eben „nachts". Mit der Phrase „zewihen nahten" wurden dann die „Heiligen Nächte" bezeichnet. Weihnachten ist offensichtlich ein Plural und soll sich auf die geweihten Nächte zwischen der Wintersonnenwende und dem Jahreswechsel beziehen.

Der erste Beleg des Wortes „Weihnachten" als Bezeichnung für die Geburt Christi findet sich im Mittelhochdeutschen so zwischen 1150 und 1200. Da war man vom Germanentum schon weit entfernt. Historisch gesehen, gibt es keinen einzigen Beleg für eine vorchristliche Verwendung des Wortes Weihnachten.

WEIHNACHTEN BE-GREIFEN

WAS SO ALLES ZU EINER KRIPPE GEHÖRT

WAS SO ALLES ZU EINER KRIPPE GEHÖRT

Die Krippe

Das soll ernsthaft die Geburt Gottes sein? Ein junges Mädchen, das den Akt der Geburt bestenfalls einmal irgendwo mitangesehen hat, die also keinerlei Erfahrung im Gebären hat? Ein Mann, der seiner hochschwangeren Frau nur eine Krippe oder einen Stall für die Nacht und Niederkunft aufgetrieben hat, aber sonst wohl auch wie viele Väter bei Geburten eher als Ballast in der Gegend herumstehen? Und überhaupt: ein Stall?

Natürlich wird das Geburtsgeschehen massiv verklärt und nicht in seiner blutigen Realität dargestellt, bzw. wird das Geburtsgeschehen eigentlich gar nicht dargestellt, immer nur die ruhige Situation nachher, wenn auch schon die Hirten zur Krippe kommen. Es war ohnehin durchaus sensibel, dass der Engel die Hirten erst nach der Geburt und nicht während der Geburt zur Krippe gelotst hat.

Wenn Sie ihre eigene Krippen-Darstellung zu Hause mit einem der beiden Weihnachtsevangelien vergleichen, so passt es jeweils nie ganz zusammen. So gibt es eine Krippe bei Lukas, dafür verzichtet er gänzlich auf den Stern. Die Engel und die Hirten finden wir hingegen schon bei ihm, die Heiligen Drei Könige bei Matthäus, aber nur als Sterndeuter und Magier. Sehr schnell wird klar: Unsere Krippendarstellungen vermischen einerseits die beiden Evangelien von Lukas und Matthäus, andererseits bauen sie Kleinigkeiten aus dem Alten Testament ein und Außerbiblisches darf auch nicht fehlen.

Die Krippe ist ja eigentlich gar kein Gebäude, sondern zuallererst ein Nahrungsbehälter bzw. Futterständer für die Tiere. Damals wie heute. Wir verbinden sie zumeist mit Holz aber auch aus Stein oder Lehm konnte sie konstruiert sein. Man könnte so Jesus durchaus als künftiges Brot des Lebens für die Menschheit deuten – was ja dann auch in der Eucharistie gefeiert und gedacht wird. Aber in dieser Bedeutung finden wir auch noch mehr von dieser Unglaublichkeit der Menschwerdung: Gott kommt dort zur Welt, wo Tiere normalerweise ihr Mittagessen fressen. Heute sowieso undenkbar. Aber auch damals war dies keineswegs normal. Es verdeutlicht die Armut und das Ausgeliefertsein Gottes als Mensch in drastischer Art und Weise. Jesus richtet seine Botschaft nicht nur an die Armen und steht ihnen zur Seite, nein er ist tatsächlich auch einer von ihnen.

Die Krippe selbst wird nur bei Lukas erwähnt, bei Matthäus ist es ja ein Haus, in dem Jesus geboren wird. Von einem Stall ist nirgends die Rede, auch wenn es nachvollziehbar ist, dass sich eine Krippe in einem Stall befindet oder wie damals auch üblich in einer Höhle. Übrigens ist Jesus auch nach Lukas nicht in der Krippe geboren, sondern nach der Geburt nur hineingelegt worden. Eigentlich logisch, aber ganz oft liest man von „in der Krippe geboren".

Interessanterweise lässt sich die erste klassische Krippe ganz genau zurückverfolgen: Franz von Assisi installierte 1223 eine lebendige Krippe, d.h. mit echtem Ochs und echtem Esel. Damit ist die Krippe der älteste Weihnachtsgegenstand, lange vor Adventkranz oder Christbaum. In Greccio, wollte Franziskus „wenigstens ein einziges Mal mit eigenen Augen die Geburt des göttlichen Kindes sehen." Greccio liegt in Umbrien und ist ein Dorf in der italienischen Provinz Rieti, ca. 95 Kilometer nördlich von Rom, ca. 110 Kilometer südlich von Perugia. Dort, in dieser 1.500 Einwohner zählenden Gemeinde, kann man alljährlich das Krippenspiel „Rievocazione Storica del Primo Presepe del Mondo" bestaunen. Was auch viele Italiener tun – bis zu 15.000 Besucher werden jedes Jahr um die Weihnachtszeit erwartet.

Gedacht war die Krippe für eine Aufführung des Weihnachtsevangeliums. Der heilige Franziskus wollte so veranschaulichen, dass Jesus in absoluter Armut geboren wurde. Der Tragweite dieser gesetzten Handlung dürfte man sich sehr bald bewusst gewesen sein: An der Stelle der ersten Krippe wurde ein Kloster errichtet. Sehr schnell verstanden sich die Gläubigen selbst in der Nachfolge der Hirten, die zur Krippe pilgern. Und so entstanden innerhalb weniger Jahre in zahlreichen Klöstern und Kirchen ebenfalls Krippen. Ab 1291 ist eine Krippendarstellung in Santa Maria Maggiore, einer der vier großen römischen Basiliken, bezeugt. Es wird aber noch einige Jahrhunderte dauern, bis Krippen zu uns nach Niederösterreich kommen.

Eine weitere Folge waren Mittelalter-Krippenspiele, die die Weihnachtsevangelien für die Menschen anschaulich darstellen sollten. Denn sowohl die plastische, konkrete Darstellung als auch die szenischen Aufführungen von Ereignissen aus der Geschichte bzw. aus Legenden erfreuten sich immer schon einer großen Beliebtheit. So verwundert es nicht, dass sich natürlich auch so etwas wie Weihnachtsspiele entwickelten. Bis heute hat sich das Krippenspiel erhalten, während das Dreikönigsspiel als Sternsingerei abgewandelt worden ist.

Eine Kurzgeschichte der Weihnachtsdarstellungen

Die ersten Darstellungen des Weihnachtsgeschehens finden sich generell erst sehr spät, was nicht verwundert, da die Christen in den ersten Jahrhunderten teilweise blutig verfolgt wurden. So gibt es für die erste Zeit hauptsächlich Wandmalereien aus den römischen Katakomben bzw. schön und reich ausgestattete Sarkophage. Bereits um 200 haben wir eine Malerei in einer Katakombe, die die Anbetung durch die Magier zeigt. Um 320 bis 325 finden wir eine weitere frühe Weihnachtsszene auf einem Sarkophag – also gleichzeitig mit der Etablierung des Weihnachtsfestes. Hier wird die Krippe ganz von einem Tuch bedeckt und zum Altar, auf dem Jesus liegt, gemacht.

Dem frühen Christentum ging es nicht um eine möglichst genaue Darstellung des Überlieferten, sondern um eigene Interpretationen: Die Hirten spielten so sehr früh eine große Rolle, was nicht verwunderlich ist, ist etwa auch eine der ersten Darstellungen von Jesus die des guten Hirten in römischer Tunika. Und auch die frühen Christen sahen sich sozusagen als Hirten denen als erstes die Botschaft von der Geburt Jesu und Erlösung zugekommen ist.

Der Stall wird vermehrt ab dem vierten Jahrhundert dargestellt und mit der Anbetung der Magier verbunden. Hier wird Jesus in einer Krippe dargestellt, die aussieht wie ein Trog und zwischen Ochs und Esel steht. Maria und Josef fehlen noch bzw. kommen später hinzu, meistens am Bildrand und noch nicht dominierend in die Szenerie.

Berühmtestes Beispiel ist der Sarkophag von Valerius und Adelphia (330–340), auf dem man rechts oben am Deckel die drei Magier erkennen kann, die sich zum Kind bewegen, flankiert von Ochs und Esel und Maria und Josef ganz auf der rechten Seite. Spätestens mit dem Dogma des Konzils von Ephesus (431), dass Maria nun Gottesgebärerin ist, bekommt diese nun einen wichtigeren Part auch im Weihnachtsbild. Josef selbst wird schon sehr früh als alter Mann dargestellt.

Auf dem Sarkophag des Exarchen Isaak um 400 herum gehen ebenfalls bereits drei Magier auf das Kind zu, welches bereits auf Mariens Schoß sitzt. Der Mittlere dreht sich dabei zum Hinteren um und scheint diesen regelrecht anzutreiben. Dafür gibt es hier nun weder Ochs noch Esel, Josef oder Krippe.

Mit dem 6. Jahrhundert beginnt sich die vorherrschende Darstellung zu etablieren, nämlich Josef und Maria sitzen gegenüber, die Krippe zwischen ihnen. Ochs und Esel kommen etwas in den Hintergrund.

Gerade in der byzantinischen Kunst finden sich keine Ställe, sondern Grotten oder Höhlen. Dies ist tatsächlich wohl näher am Historischen dran, denn Hirten nutzten eher Höhlen als auf freiem Feld zu schlafen. Allerdings sind Höhlen damit auch wieder weiter weg vom Evangelium

Krippen erfreuen sich schon seit Jahrhundertes großer Beliebtheit. Durch sie kann man Weihnachten auch ganz bewusst an- und vielleicht auch besser begreifen.

als westliche Darstellungen. Maria liegt oft auf einer Decke und neben Josef, Ochs und Esel ist manchmal auch die eine oder andere Hebamme dabei. Diese finden sich nur in den Apokryphen wieder und das sogar namentlich: Salome hegt laut dem Pseudo-Matthäus-Evangelium Zweifel an Mariens Jungfräulichkeit. Weil so ein Frevel nicht ungestraft bleiben darf, verdorrt ihr gleich die Hand. Aber kaum berührt sie das neugeborene Jesuskindlein, wird die Hand geheilt.

Im Frühmittelalter ist der Stall gerne umgewandelt bzw. durch reiche architektonische Elemente ergänzt worden, so dass man fast den Eindruck haben könnte, Jesus wäre in einem Palast zur Welt gekommen. Im Hochmittelalter bzw. in der Romanik kommt es nun vor, dass die Krippe selbst leer ist und das Kind bei seiner Mutter ist. Zumeist wird Jesus sehr groß in Segensgeste dargestellt.

Die heilige Birgitta von Schweden (1303–1373) hatte einige Visionen und unter anderem auch eine des weihnachtlichen Geschehens. Josef wird dabei als alter Mann beschrieben, Maria als kniende Jungfrau die ins Gebet versunken ist und auch Ochs und Esel dürfen nicht fehlen. Sie steht also ganz in der üblichen Tradition. Eine stillende Maria finden wir erstmals im Spätmittelalter und Josef wird gerne dargestellt als Unterstützer in häuslichen Tätigkeiten, sei es, dass er kocht oder seine Hose auszieht, um das Baby damit in Windeln zu wickeln. Dies war wichtig für die damalige Zeit, in der man sich mit Josef sehr gut identifizieren konnte.

Überhaupt müssen wir uns vor Augen halten, dass auch Weihnachtsbilder Andachtsbilder waren und man sich mit mehr oder weniger zeitgenössischen Nebenszenen besser als mit dem eigentlichen Abgebildeten identifizierte. Man konnte so das heilige Geschehen greifbarer machen und ins Hier und Jetzt übertragen.

Mit der Renaissance kommen auch andere Figuren in die Krippendarstellung dazu, meistens sind es Heilige, die den Auftraggebern jener Werke sehr wichtig waren oder die Auftraggeber selbst (z. B. im Gefolge der Magier). Spätestens mit der Barockzeit, in der man sich sehr gerne mit Licht und Schatten im Bild beschäftigte, ist das Christuskind von einem eigenen Licht umgeben oder selbst Lichtbringer und Lichtgeber der Szenerie. So etwa auch bei Rubens mit seiner Geburt Christi von 1604/05.

Die hohe Zeit der Weihnachtskrippe war die Barockzeit, in der es Krippen mit ungemein großem Aufwand und detailreicher Ausstattung gab, vor allem in Tirol und Bayern. Die Krippen und ihre dazugehörigen Figuren sind nicht nur auf den katholischen Bereich beschränkt. Auch bei Evangelischen findet man völlig ausgestattete Krippenszenerien. Und doch wurden unter Maria Theresia und ihrem Sohn Joseph II. die Krippen aus den Kirchen entfernt. Die Bauern- und Bürgerstuben ließen sich diesen Brauch allerdings nicht nehmen. Und auch heute gehört eine Krippe in viele Haushalte. Wenn es eben darum geht, Weihnachten mit allen Sinnen wahrzunehmen, so ist es bei den Krippendarstellungen vor allem das Haptische, das fasziniert.

Öfters in der Kunst gibt es auch mit dem 19. Jahrhundert bis heute wirkend einen gewissen Hang zum Kitsch und zur Romanisierung.

Das Kindlein oder: „Gott wird Mensch – das soll erst einmal jemand nachmachen"

Gott wird inmitten des Futterbehältnisses von Tieren geboren. Also arm. Aber auch unter Tieren. Fast schon paradox ist es, dass dieses Ereignis so etwas wie die Mitte der Geschichte ist. Das macht sich ja mittlerweile auch in der Zeitrechnung VOR und NACH Christi Geburt deutlich. Es kann in der Menschheitsgeschichte kaum ein epochaleres Ereignis geben. Die zentrale Botschaft: Gott nimmt eine leibliche Gestalt an. Er bringt hier sein Licht, sein Leben, seine Wärme in unser Dunkel.

Dass die Kinder zu Weihnachten vielerorts im Mittelpunkt stehen, ist nicht verwunderlich. Denn Gott kommt als Kind zur Welt. Einfach so. Das ist schon mal die erste Provokation von Weihnachten. Denn ein Kind ist vom Status her vor 2.000 Jahren ja keineswegs vergleichbar mit heute. Als angeblich höchstes Gut unserer Gesellschaft stehen die Kinder und ihre strahlenden Augen im Zentrum. Vor 2.000 Jahren galt die Kindheit als Übergangszeit und nicht als eigenständige Phase, sondern als unausgereifte und unvollkommene Zeit. Auch im Neuen Testament wird die Kindheit stets dem Erwachsenenalter gegenübergestellt, so etwa bei Paulus mit seinem berühmten „Als ich ein Kind war, redete ich wie ein Kind, dachte wie ein Kind und urteilte wie ein Kind. Als ich ein Mann wurde, legte ich ab, was Kind an mir war" (1Kor 13,11). Kinder galten durchaus als naiv und waren in erster Linie von ihren Eltern abhängig. Wesentlich für jedes Kind war der Gehorsam diesen Eltern gegenüber.

Daher ist der Gedanke von Gott als Kind heute zwar lieb und nett, damals aber ganz sicher eine Belastung, eine Provokation. Und auch ein Widerspruch. Doch seien wir ehrlich: nicht weniger widersprüchlich als die Menschheit selbst. Selbstzerstörerische Gewalt und Unterdrückung sowie der Mensch als des Menschen Wolf wie Plautus und später Thomas Hobbes schon gesagt haben, sind an der Tagesordnung.

Irgendwie ist es schon sehr schräg, so viel Hoffnung und Glaube in so ein Neugeborenes zu setzen. So ganz ohne Netzwerke, Geld, Macht, usw. Das ist schon etwas eigenartig. Andererseits: Ist es nicht sogar noch eigenartiger auf die politisch Mächtigen zu vertrauen, dass alles gut wird? Ist eine Hoffnung auf die Xi Jinpings, Trumps, Jong-uns oder Putins dieser Welt nicht wesentlich schräger? Und bei Jesus kann man durchaus sagen: Nomen est omen – „Jahwe rettet."

Die Weihnachtsbotschaft ist doch jene, dass in der Menschwerdung Gottes jeden Menschen Wert und Würde von Gott gegeben ist. Und so werden wir zu Weihnachten zu Beschenkten. Ob wir das Geschenk Gottes auch annehmen und zu würdigen wissen, ist freilich eine andere Geschichte. Jesus ist das wahre Geschenk zu Weihnachten für uns und so sollen auch wir zum Geschenk für andere werden. Um nun dieses Kind näher zu betrachten, um ihm nahe zu sein, muss man sich kleiner machen. Man muss sich bücken, wenn man das Portal der Geburtskirche in Bethlehem durchschreiten will, wenn man in der Geburtsgrotte den Stern, der die Geburtsstelle angibt, berühren will und eben auch wenn man als Gast vor der Krippe zum Jesuskind schauen will.

Maria

Die Ja-Sagerin

In Lukas 1 verkündet der Engel Gabriel Maria, dass sie ein Kind empfangen wird, das als Gottes Sohn verehrt werden wird. Erste (Gegen)-Frage von Maria: „Wie soll das geschehen, da ich keinen Mann erkenne?" Wir denken uns nicht viel dabei, da wir ja wissen, dass Maria jungfräulich schwanger werden wird. Aber wusste Maria das auch? In diesem Moment, da der Engel vor ihr steht? Dieser Engel hat ja nur die Schwangerschaft erwähnt, weder das Wie noch das Wodurch. Maria war ja laut Lukas auch verlobt. Wäre es nicht logisch gewesen, zuerst an Josef, ihren Verlobten zu denken, anstatt an eine mögliche durchgehaltene Jungfräulichkeit?

Dass ihr der Engel damals die Botschaft überbrachte und ihre Zustimmung auch abwartete, zeugt nicht nur von einem großen Einfühlungsvermögen Gottes, sondern setzt auch das bewusste „Ja" Mariens voraus. Denn das Gespräch zwischen Gabriel und Maria lässt durchaus den Schluss zu, dass Maria auch ablehnen hätte können und Gabriel damit wieder zu Gott unverrichteter Dinge zurückschicken oder zumindest in das nächste Dörflein weiterleiten hätte können. Aber sie stimmt zu. Und der Engel verlässt sie erst nach dieser Zustimmung. Maria wird nach der Ankündigung durch den Engel zur ganz bewussten Ja-sagerin.

Und dieses war freilich notwendig, denn die Umstände der Geburt waren erstens durch die nicht alltägliche bis dubiose Vaterschaftsfrage und zweitens durch die lange Reise alles andere als angenehm.

Und doch ist dies wohl noch nichts gegen das, was Maria im Laufe ihres Lebens mit ihrem Sohn durchmachen musste. Denn Stück für Stück kam es zu einer Entfremdung zwischen Jesus und seinen Eltern bzw. seiner Mutter. Mehr als einmal weist er sie in den Evangelien zurecht, als 12-Jähriger verschwindet er für drei Tage in Jerusalem, um erst im Tempel wiedergefunden zu werden. Und nicht zu Unrecht wird Maria für viele Menschen als Schmerzensmutter zur Identifikationsfigur, die Leiden und schmachvolles Sterben ihres Sohnes mitansehen muss.

Ob sie das schon alles geahnt hat, als Hirten oder Sterndeuter sie in der Krippe besuchten? Sie bewahrte alles im Herzen auf und dachte darüber nach. Doch all das wird ihr vermutlich in jener Nacht in Bethlehem nicht bewusst gewesen sein, denn als junge Mutter war sie nur erstmal froh, einen gesunden Buben zur Welt gebracht zu haben. Für uns heute ist es aber schön zu sehen, wie aus dieser jungen, tapferen und starken Frau in Form der Gottesmutter eine übernatürliche Kraftquelle geworden ist, da sich nicht zuletzt auch in Herausforderungen und Leiden so manche Frau oder mancher Mann mit ihr identifizieren kann.

So ist es auch schön, dass Maria am Neujahrstag am 1. Jänner zu Beginn des neuen Jahres steht, gleichsam als Vorbild und Wegweiserin im Glauben. In Wahrheit ist dieses Hochfest der Gottesmutter ein ermutigendes Signal für das ganze Jahr.

Mit dem Konzil von Ephesos wird sie 431 zur Gottesgebärerin, wodurch sie in den Krippendarstellungen auch einen prominenteren Platz bekommt. Ikonographisch wird Maria zumeist mit einem blauen Gewand und einem roten Schleier dargestellt. Da blau oft für Himmel, Reinheit oder Wasser steht, kennzeichnet es Maria als Himmelskönigin. Und Rot ist die Farbe der Liebe und Wärme, allerdings auch des Leidens und des Blutes. Beides passt auch hier sehr gut: Die Liebe zu ihrem Sohn und zu den Menschen und das Leid über das Martyrium Jesu.

Die Jungfrau: Herausfordernd – Die junge Frau: Schockierend

Dieses Thema ist ein klassisches „Ui" für viele gläubige Menschen und stets aufs Neue eine Herausforderung. Als heikles Thema wäre es sicher so manche Diskussion wert, beschränken wir uns aber auf das Wesentliche für Weihnachten: Vor allem geht es hierbei darum, die göttliche Herkunft Jesu zu unterstreichen. Um was es nicht geht, sind biologische, medizinische oder philosophische Deutungsmöglichkeiten – das würde nämlich nur funktionieren, wenn Gott der überirdische Fingerschnipser wäre, der ganz direkt in seine Schöpfung eingreift.

Sowohl Matthäus als auch Lukas betonen extra, dass Maria eine Jungfrau war. Das klassische Vorbild für die Jungfrauengeburt ist Jesaja 7.14: „Darum wird der Herr selbst euch ein Zeichen geben: Siehe, die Jungfrau hat empfangen, sie gebiert einen Sohn und wird ihm den Namen Immanuel geben." Hier steht das hebräische Wort „alma". Dies bedeutet „junge Frau", was in der griechischen Bibelübersetzung der

Septuaginta mit „Parthenos" wiedergegeben wird. Dies kann natürlich „Jungfrau" bedeuten (auch im heutigen Sinne) aber vor allem die Bedeutung von „noch nicht verheiratet" wird hier intendiert. Wobei, in den allermeisten Fällen waren junge, unverheiratete Frauen damals ohnehin biologische Jungfrauen.

Aber wohl für uns heute weitaus schockierender ist das Alter dieser „jungen Frau", die Maria zweifelsohne war. Die kunsthistorischen Darstellungen in Gemälden und Bildern haben uns geprägt: Maria ist eine tatsächlich jüngere Frau zwischen 20 und 25 Jahren herum. Doch wenn Maria eine „durchschnittliche" jüdische, junge Frau war, so wird sie damals kaum älter als 13 Jahre gewesen sein. Das ist heute zurecht ein verstörender Gedanke, war jedoch damals (und noch viele Jahrhunderte später) auf dem ganzen Globus normal: von Rom über Arabien bis nach China und wieder nach Israel zurück. Und trotzdem ist es nachvollziehbar in unserer Krippe lieber eine junge Frau im heutigen Sinn als ein kleines Mädchen im Mittelschulalter zu sehen.

Die Jungfräulichkeit Mariens ist natürlich per se schon eine durchaus viel diskutierte Angelegenheit. Schon das zweite Konzil von Konstantinopel 553 legt eine immerwährende Jungfrau dogmatisch fest.

Und doch ist die Botschaft der Jungfrauengeburt eine sehr interessante, die man nicht einfach so als biologisch lächerlich abtun sollte. Denn dadurch wird die Anwesenheit Gottes ganz massiv gekennzeichnet und man merkt, dass Gott von Anfang an in besonderer Weise bei Mutter und Kind ist. Es ist der Beginn von etwas ganz Neuem und Besonderem, was sich ja dann durch ihr Leben wie ein roter Faden durchziehen wird.

Darüber hinaus wird es nicht mehr sein wie im Alten Testament, das etwa Sarah nach langer unfruchtbarer Zeit im hohen Alter von einem Engel die Botschaft bekommt, ein Kind zu empfangen, sondern umgekehrt: eine junge Frau oder Jungfrau, die noch keinen Mann erkannt hat. Das ist gewissermaßen die Fortführung des Alten Testamentes bzw. auch eine Neuinterpretation oder Umkehrung des Motivs.

So wird die Jungferngeburt vor allem ein Bild für einen kompletten Neuanfang durch Gott. Dies ist eine uralte menschliche Sehnsucht, die man auch in der antiken Literatur immer wieder finden kann. Die Rahmenbedingungen dafür werden von Gott geschaffen, allerdings muss der Mensch selbst diesen Neubeginn, diesen neuen Weg gehen. Das wird besonders schön offensichtlich bei der Figur des Josefs, der ja von Gott einen Traum bekommt und somit die vorgegebenen Rahmenbedingungen. Die Entscheidungen, wie es weitergeht mit der jungen Familie, muss Josef aber selbst treffen, er muss also selbst den Weg gehen. Josef vertraut seinen Träumen und seiner Intuition und das mehrmals. So wird er zum Vorbild für heute.

Etwa wenn es bei Angelus Silesius (1624–1677) heißt:
„Wird Christus tausendmal zu Bethlehem geboren
und nicht in dir, du bleibst noch ewiglich verloren."

Oder
„Ich muss Maria sein und Gott aus mir gebären,
soll er mir ewiglich die Seligkeit gewähren."

Und einer geht noch:
„Ach, könne nur dein Herz zu einer Krippe werden,
Gott würde noch einmal ein Kind auf dieser Erden."

Wahrhaft Gott begegnen kann man also nach Angelus Silesius nur im eigenen Herzen. Auf uns umgelegt: Die ganzen Riten, Bräuche und Christbäume bringen letztlich nix und werden zu bloßen Hülsen, wenn wir uns nicht innwendig mit Gott beschäftigen. Die Einheit zwischen Gott und Mensch fand nicht nur vor 2.000 Jahren in Bethlehem statt. Wie kann das Herz zu einer Krippe, also zum Ort einer Gottesgeburt werden? Der große Mystiker meint, indem es rein und leer wird.

Meister Eckhart (1260–1328), der berühmte Dominikaner und Mystiker meint in seiner Predigt 43, dass die Menschen nur in Bethlehem die Menschwerdung Gottes sehen, doch Gott selbst ist auch hier (und jetzt) an dieser Stelle ebenso Mensch geworden und zwar wie er sagt „dass er dich als seinen eingeborenen Sohn gebäre und als nicht geringer." Das heißt, Gott kommt jeden Tag in meinem Leben, in meinem Verhältnis zu den Mitmenschen und meiner Umwelt neu zur Welt.

Rabeneltern?

In nicht wenigen Darstellungen gehen weder Josef noch Maria allzu intensiv ihren elterlichen Pflichten nach. Schon in frühen Darstellungen sieht man Maria kniend vor ihrem Kind, welches nahezu unbekleidet am Boden liegt – und das Ende Dezember. Dies und die Tatsache, dass Maria ihren mütterlichen Pflichten nur halbherzig nachkommt bzw. ganz in der Anbetung aufgeht, ist natürlich eine theologische Aussage und weniger eine (raben)elterliche Bestandsaufnahme. Maria symbolisiert die Kirche, die Jesus verehrt und sich nach ihm ausrichtet; sie erkennt Jesu als den wahren Erlöser. Dazu passt, dass sie in vielen Bildern noch schwanger ist: als Bild für die Kirche, die Jesus in sich trägt.

Oft liegt das kleine Kind am Boden und gar nicht in der Krippe. Das ist auf ein schönes Wortspiel zurückzuführen. „Humus" ist der Boden während „Humilitas" für Demut steht. Gott kommt als Jesuskind zur Welt und liegt dann noch einmal erniedrigt voller Demut auf dem Boden.

Oder Jesus liegt auch oft auf einem Tuch, das sehr stark an das Korporale erinnert, also jenes Tuch, das während des Gottesdienstes für Kelch, Hostienschale und Patene gedacht ist. Manchmal liegen da noch Weizenähren herum: Jesus ist das Brot für die Menschen. Josef steht ganz oft nachdenklich oder bekümmert über das unverstandene Geschehen abseits. Sein Blick geht gedankenverloren in eine innere Welt bzw. ins „Narrenkastl". Er kann für alle Menschen stehen, die zweifelnd dem schwer verständlichen Mysterium der Menschwerdung Christi gegenüberstehen.

Josef

Von ihm erfahren wir eigentlich biblisch gesehen fast nur etwas in den Weihnachtsevangelien. Von Maria wird in den Evangelien noch die Rede sein, Josef verschwindet bald in der Bibel. Ob Josef etwa beim Besuch der Sterndeuter überhaupt anwesend war, kann auch diskutiert werden. Die Logik legt dies zwar nahe, aber dann hätte er auch Erwähnung finden sollen. So steht nur: „… sahen das Kind und Maria, seine Mutter." Selbst Benedikt XVI. meint dazu: „Eine vollends überzeugende Erklärung dafür habe ich bislang nicht gefunden." Zum Glück ist Josef bei der darauffolgenden Flucht nach Ägypten aber wieder da. Der dünne biblische Befund hat auch zur Folge, dass eine Menge an Legenden über Josef entstehen, um dieses Fehlen zu kompensieren.

Haben Sie Interesse an jenen Windeln, die der neugeborene Jesus zu Weihnachten trug oder am Kleid, das Maria in der Heiligen Nacht anhatte? Diese befinden sich als Reliquien im Dom zu Aachen. Schon 1414 berichtet uns eine Chronik aus Magdeburg, dass die Windeln nichts anderes waren, als die Hosen des heiligen Josef, der sie kurzerhand (bzw. kurzerfuß) umfunktionierte. Aus der Not heraus. Und tatsächlich handelt es sich bei der Aachener Windel um einen dicken braunen Wollstoff, der wohl das Fragment eines größeren Textilstückes war. Das dies mehr ist als nur eine schöne Geschichte zeigt sich auch daran, dass in der Malerei des Spätmittelalters im norddeutschen Raum Josef sehr oft im Stall dabei zu betrachten ist, wie er gerade seine Hosen für Jesus bereitstellt.

In Ermangelung von biblischen Aussagen sieht man in der Kunstgeschichte vor allem des Spätmittelalters sehr gut, welche Rolle Josef einnimmt: Er wird zu einem alten, aber sehr fürsorglichen Ziehvater, der einen Gegenpart zu Maria einnimmt. Diese wird meistens dargestellt als ihren Sohn anbetende, souveräne und junge Frau. So überrascht es nicht, dass man Josef oft beobachten kann wie er kocht, Wasser holt, Holz aufstellt oder besagte Windeln trocknet – also den Hausmann gibt.

Im Mittelalter gab es den Brauch der Weihnachtsspiele, die ähnlich den heutigen Krippenspielen Szenen rund um die Geburt Jesu nachstellten. Dabei wird Josef auch manches Mal durchaus lustig dargestellt. Etwas das später in der frühen Neuzeit so manchen Gelehrten wie z. B. Johannes Eck ein Dorn im Auge war, da dieser der Meinung war, ein breikochender Josef würde die Kirche lächerlich machen.

Doch ich glaube, dass sich wahrscheinlich genau darauf die große Beliebtheit des heiligen Josef gründet. Er war nicht nur Beschützer Marias und Jesu Ernährer, sondern gerade durch diese scheinbar nebensächlichen Tätigkeiten ein Identifizierungsobjekt für viele Menschen. Denn auch durch diese profanen, aber unentbehrlichen Tätigkeiten kann man zum Wesen von Weihnachten kommen.

Was eine besondere Familie ausmacht

Bestimmte wundersame Gegebenheiten und Phänomene kommen in den Geburts- und Kindheitsgeschichten vieler bedeutender Personen vor. Unabhängig von der Kultur will man dadurch die Besonderheit des jeweiligen Menschen (oder Gott oder Halbgott) herausstreichen. Bestimmte Sternenkonstellationen etwa (siehe Kapitel „Der Stern") oder träumende Protagonisten. In vielen Kulturen war der Traum eine Möglichkeiten, eindeutige Botschaften von Gott zu erhalten. Gerade beim Evangelisten Matthäus wird viel geträumt: die Sterndeuter ebenso wie ein sehr verträumter Josef. Gott greift über den Traum direkt in die Schöpfung ein.

Eine jungfräuliche Mutter

Viele Menschen haben, wie erwähnt, großes Bauchweh mit der Jungfräulichkeit Mariens. Dass auch Siddhartas Mutter Jungfrau war, weiß kaum jemand. Noch weniger wissen, dass sie ihm Traum von einem weißen Elefanten mit sechs Stoßzähnen begattet wurde und so der Buddha empfangen wurde. Zoroaster oder Zarathustra hatte ebenfalls eine Mutter die Jungfrau war (und 15 Jahre alt) und der ein Engel im Traum die Weissagung gab, dass ihr Sohn einst ein großer Prophet werden würde.

Danae, die Tochter des Akrisios wurde, jungfräulich von Zeus in Form eines goldenen Regens heimgesucht und mit Perseus befruchtet. Und auch Alexander der Große wurde rückwirkend durch Amun bzw. Zeus in Gestalt einer Schlange in der Hochzeitsnacht (und damit bei der jungfräulichen Mutter) gezeugt.

Im Alten Testament sind es keine Jungfrauen, die Kinder bekommen, sondern unfruchtbare Frauen: Sara, Rebekka, Rachel sowie die Mütter Samuels und Simsons.

Prophezeiungen & Bedrohungen

Am Anfang Roms stand u. a. die Legende von Romulus und Remus. Amulius stürzte seinen Bruder vom Thron und steckte dessen Tochter in den Tempel als vestalische Jungfrau. Der Kriegsgott Mars vergewaltigte sie und sie brachte die beiden Zwillinge zur Welt. Auf Amulius' Befehl wurden sie im Tiber ausgesetzt, aber sie strandeten und wurden bekanntlich von einer Wölfin gefunden und gesäugt bis der Hirte Faustulus sie bei sich aufnahm. Ein ähnliches Schicksal hatte der große Perserkönig Kyros. Dem Geschichtsschreiber Herodot zufolge wurde auch er wegen einer Prophezeiung ausgesetzt und von Hirten gerettet. Einem indischen (Dämonen)König mit Namen Kamsa wurde geweissagt, dass ihn das achte Kind seiner Schwester entmachten und töten werde, weswegen dieser König Schwester und Schwager gefangen nahm und alle Kinder umbrachte. Bei der Geburt des achten Kindes geschah allerdings ein Wunder und es wurde gerettet. Dieses Kind war Krishna.

In der über 2.600 Jahre alten Theogonie von Hesiod fraß der griechische Ober-Titan Kronos, aufgrund einer Prophezeiung seiner Mutter

Gaia (der Erde), dass auch er einst von einem seiner Kinder entmachtet werden würde, alle fünf Kinder auf. Und als ihm seine Frau Rhea einen in Windeln gewickelten Stein als sechstes Kind vorlegte, verschlang er auch diesen. Der echte und lebende Sohn wurde in Sicherheit gebracht, wuchs als Zeus heran und entmachtete später tatsächlich seinen Vater. Herakles wird als Neugeborener von Hera durch eine Schlange bedroht, die er aber sofort erwürgt.

Ja, und Mose schließlich muss auch vor dem brutalen Befehl des Pharaos, alle neugeborenen Söhne in den Nil zu werfen, gerettet werden. Er wird in einem Körbchen am Nil ausgesetzt, von der Tochter des Pharaos gefunden und schlussendlich von dieser großgezogen. Jesus befindet sich also offenbar in guter Gesellschaft.

Gerade in Zeiten wie diesen wird gerne darauf hingewiesen, dass Josef und Maria ihre Heimat verlassen mussten, um sich auf ein offensichtlich unbequemes und alles andere als leichtes Unterfangen so kurz vor Geburt eines Kindes einzulassen. Doch ob dies ausreicht um die heilige Familie wie es oft geschieht als klassische Flüchtlingsfamilie zu kennzeichnen? Die Versuche die Geschehnisse von Weihnachten mit aktuellen Flüchtlingsprobleme in Einklang zu bringen sind selbstverständlich legitim, aber eben auch eine Form der Aktualisierung, die den Kern der Weihnachtsbotschaft nur zum Teil trifft. Gerade bei der klassischen Weihnachtsgeschichte bei Lukas lesen wir vom Flüchtlingsschicksal sehr wenig. Denn im Zuge der Volkszählung in eine andere Stadt zu ziehen, kann in keinster Weise mit einem heutigen Flüchtlingsschicksal verglichen werden. Nazareth liegt gute 150 km von Bethlehem entfernt. Dass also die Herbergssuche ohne Bedrohung gar nicht stattgefunden hätte, wie immer wieder zu lesen ist, geht am biblischen Text weit vorbei.

Wenn dann schon eher bei Matthäus. Denn dieser erwähnt ja die Episode des Kindermordes durch Herodes. In weiterer Folge waren Jesus, Maria und Josef gezwungen nach Ägypten zu fliehen. Gerade dieser

Punkt wird aktuell allerdings kaum in den Fokus genommen. Die heilige Familie als best practice-Beispiel für ein „typisches" Migranten-Schicksal erscheinen zu lassen, ist hier etwas überzogen. Josef ging „nur" in das nächste Land zwar aus einer aktuellen persönlichen Bedrohung. Jedoch war die Flucht nach Ägypten kein vergnüglicher orientalischer Sonntagsausflug. Als solcher wird er auch in der Kunstgeschichte meist nicht dargestellt. Die Aktualität ist allerdings offensichtlich: Josef dürfte in Ägypten Asyl gefunden haben (Asylum war im Altertum der heilige Bezirk einer Zufluchtsstätte, im Mittelalter dienten oft Klöster dafür) und konnte so seine Familie beschützen.

Und doch ist die Historizität des Kindermörders ja umstritten bzw. dient weniger die Reise nach Ägypten, aber dann vor allem die Rückkehr aus Ägypten zur Kennzeichnung des Jesus als neuen Mose. Denn sowohl Jesus als auch Mose überleben den Kindermord. Und Jesus kommt wie Mose dann aus Ägypten.

Tiere an der Krippe

Doch nicht nur Hirten und heilige Könige gehören zur Krippe dazu: Auch Tiere sind von einer ordentlichen weihnachtlichen Darstellung keinesfalls wegzudenken. Ganz vorne (oder eher hinten in der Reihe) stehen klassischerweise Ochs und Esel. Beide tauchen schon sehr früh in der Kunst auf und zwar sowohl im Osten als auch im Westen ab dem 4. Jahrhundert. Der schon beschriebene Sarkophag von Valerius und Adelphia (330–340) aus Syrakus zeigt bereits die beiden Tiere nahe an der Krippe. Auch beim Sarkophag des Stilicho in Mailand (um 385) sind es Ochs und Esel, die die Krippe flankieren. Von Josef und Maria hingegen fehlt jede Spur.

Aber wie kommen beide Tiere nun dorthin? Immerhin erwähnt der Evangelist Lukas eine Krippe. Von Tieren schreibt er aber nichts. Das nach 600 entstandene Pseudo-Matthäus-Evangelium erwähnt Ochs und Esel explizit, allerdings erklärt das nicht, warum die beiden schon auf den Sarkophagen des 4. Jahrhunderts so prominent abgebildet wurden. Nach Jesaja 1,3 heißt es: „Der Ochse kennt seinen Besitzer und der Esel die Krippe seines Herrn; Israel aber hat keine Erkenntnis, mein Volk hat keine Einsicht." Schnell waren jede Menge Kirchenväter parat um die Stelle zu deuten: Gregor von Nazianz (329 bis 390) etwa sieht im Ochsen das Judentum und im Esel das Heidentum. Ambrosius und Augustinus, die mit Tieren nicht viel anfangen konnte, folgen ihm in dieser Symbolik bald darauf. Jesus befreit Juden und Heiden demnach aus ihrem Joch, nämlich der Tora und dem Götzendienst. In weiterer Folge symbolisiert der Ochse als Opfertier den Opfertod Jesu und der Esel das Tragen der Sünden der Menschheit.

Diese Jesaja-Stelle will nun aber wohl nicht Israel anklagen, die beiden Tiere stehen gewissermaßen für eine Kontinuität zwischen Altem und Neuem Testament, zwischen Judentum und entstehendem Christentum, allerdings auch für die Einbeziehung des Heldentums. Es ist eher ein theologisches Programm, dass die Christen auch an ihrer Herkunft aus Israel erinnern soll.

Eine kleine Esel-logie

Es ist gewiss nachvollziehbar, dass ein Esel dabei war. In der Bibel ist zwar auch nicht die Rede davon, dass Maria auf diesem (wie stets in der Kunst dargestellt) in Richtung Bethlehem reitet, aber wenn dem so war, dann werden sie ihren Esel ja wohl nicht fortgeschickt haben, sondern im Stall gelassen haben. Der Esel ist also der Hausesel der Familie Josef.

Esel und Maultiere waren die Haupttreit- und Hauptlastentiere. Auch die Vornehmen und Herrscher ritten auf diesen Tieren: Die 30 Söhne des Richters Jair etwa ritten auf 30 Eseln und besaßen 30 Städte. Und kurz vor seinem Ableben befahl König David seinem Sohn und Nachfolger

Salomo auf sein eigenes Maultier zu setzen, um zur Salbung zu kommen. Aber auch David, als er noch einfacher Hirte war, ritt zu Saul auf dem Esel seines Vaters. Also war der Esel wohl auch jedermanns Reittier. Auch Abraham machte sich mit seinem Esel auf dem Weg zur Opferung Isaaks. Und Josefs Brüder trugen das Getreide aus Ägypten natürlich nicht selbst, sondern auf ihren Eseln nachhause. Entgegen unserer Vorstellung war das Pferd rein militärisch konnotiert und wurde im Alltag kaum beritten. Und bei Bileam im Buch Numeri ist er es, der den Engel erkennt, während sein Reiter dies nicht tut. Der Esel ist also empfänglich für den Willen göttlicher Macht, viel mehr als Bileam selbst. Auf das Tier hören bedeutet hier eigentlich Lebensrettung. Und auf wem Jesus am Palmsonntag ritt, wissen Sie ohnehin.

Zum Verzehr freigegeben war Eselfleisch nur in Notzeiten. Bei der Belagerung von Samaria durch den König von Aram, Ben-Hadad etwa, kostete durch die Hungersnot ein Eselskopf 80 Silberschekel. Denn der Esel galt als unrein, Ezechiel nennt ihn als Negativbeispiel wenn er über die „Hurerei" schimpft (23,20). Dass unser Ausdruck vom „dummen Esel" auch schon in der Bibel mehr oder weniger vorkommt, zeigt Psalm 32: „Man soll nicht wie Ross und Maultier werden, die ohne Verstand wären."

Eine kleine Ochs-ologie

Im jüdischen Kontext gilt der Stier als rein und durfte daher als Opfertier dargebracht werden. Allerdings ist der Ochse nach Levitikus 22,24 wie alle Tiere, die „zerdrückte, zerschlagene, ausgerissene oder abgeschnittene Hoden" (die Autoren gehen hier sehr ins Detail) haben nicht zur Darbringung geeignet. Das Rind allgemein war auch im alten Israel ein Arbeitstier und wurde etwa zum Dreschen verwendet. Rind oder besser Kalb gab es nur zu hohen Anlässen bzw. wenn hohe Gäste kamen, etwa die drei von Gott gesandten Männer bei Abraham oder das Mastkalb, das zu Ehren des verlorenen Sohnes geschlachtet wird.

Auch als beliebte und hoch angesehene Opfertiere wurden Rinder verwendet: Abraham opfert Gott ein dreijähriges Rind und beim Wettstreit Elija mit den Baalspriestern wird auch jeweils ein Stier dem jeweiligen Gott geopfert. Zwei Kühe sind es, die die Bundeslade von den Philistern wegziehen und dann auch gleich geschlachtet werden.

Erst Martin Luther hat übrigens aus vielen biblischen Rindern Ochsen gemacht. Daher wäre es hier sehr wichtig zu wissen, was im griechischen Original steht. Nach Deuteronomium 22,10 soll man übrigens Ochsen und Esel nicht gemeinsam vor den Pflug spannen.

Nicht zu vergessen: Schafe und Konsorten

Ein Schaf wird zwar ebenso wenig wie Ochs und Esel explizit erwähnt, aber es ist nur nachvollziehbar, dass sie im Gefolge der Hirten mitkommen, die werden ja nicht ihre schutzbefohlenen Tiere allein auf dem Feld zurückgelassen haben.

Mit den Hirten und Schafen kommen aber nicht ganz unlogisch oft auch Hunde mit zur Krippe. Und da sie sehr exotisch sind und zum Zug der Weisen aus dem Morgenland gut dazupassen, dürfen auch Kamele nicht fehlen. Je nach Tradition und Gegend waren aber natürlich die Tiere: Elefanten können ebenso als Reittier des afrikanischen Königs dabei sein wie in europäischen Gruppen Hühner, Gänse, Rehe und sogar Gämse.

Engel: Boten mit Angstfaktor

Natürlich haben Engel einen gewissen Ruf: Von der Esoterik längst entdeckt und in Beschlag genommen, seit Raffaels berühmter Sixtinischer Madonna zu pummeligen geflügelten Kindern versüßt, fliegen sie uns im Advent und zu Weihnachten nur so um die Ohren und sind gar nicht mehr wegzudenken. Aber auch in der biblischen Geschichte spielen sie eine Rolle wie kaum davor in der Bibel.

Ein Engel (vom Griechischen Angelos) ist ein Bote. Er ist nicht göttlich und auch nicht identisch mit der Botschaft, die er überbringen muss und auch nicht deren Verfasser. Aber Engel kommunizieren von Amts wegen vor allem zu Weihnachten gerne: mit Maria in wachem Zustand, mit Josef im schlafend-träumenden und mit den Hirten in aufwachend-auf-dem-Feld-lagernden Zustand. Engel gehören zu Gottes Hofstaat und symbolisieren auch die Herrlichkeit ihres Vorgesetzten.

Der Ruf der Engel kam gerade für die Hirten alles andere als erwartet: mitten in der Nacht, von sonderbaren, mitunter unheimlichen Kreaturen.

Es ist kein Wunder, dass die Engel zuerst einmal mit „Fürchtet euch nicht" beruhigen müssen. Überhaupt sind sie Wesen die Angst hervorrufen oder zumindest gerne Leute erschrecken: Als der Engel Gabriel Zacharias im Tempel erscheint, hat dieser einmal große Angst, bis der Engel ihn auch mit „Fürchte dich nicht" zu beruhigen versucht. Auch Maria erschrickt und der Engel muss die künftige Gottesmutter ebenso beruhigen.

Und selbst in Josefs Traum im Matthäusevangelium müssen sie diesen mit ihrem Standardsatz beruhigen, weil er sich sogar im Traum erschrickt. Erst dann kann ihm ein Engel sagen, dass der Sohn Mariens vom Heiligen Geist ist.

Die weihnachtliche Botschaft die Engel betreffend ist klar und scheinbar einfach: Engel gibt es immer noch, aber sie brauchen weder Flügel noch muss man sich vor ihnen fürchten. Engel machen uns auf die Frohe Botschaft unseres Lebens immer wieder aufmerksam und regen uns an, nicht zu verharren, sondern uns zu bewegen: auf Menschen hin, aus unserer Komfortzone.

So haben sie es bei Maria, Josef, den Hirten usw. getan. Und diese ließen sich darauf ein und gingen.

Hirten: Die ersten Zeugen

Sie sind die heimlichen Helden bei jedem Krippenspiel und dürfen unter dem Christbaum nicht fehlen. Die Hirten selbst laufen uns auch im Alten Testament immer wieder über den Weg. Der Prophet Amos ist Sohn eines Vieh- und Maulbeerfeigenbaumzüchters aus Tekoa bei Bethlehem und war auch selbst als Schafzüchter tätig. Dass dann Samuel als er zu Isais kam, keinen seiner großen Söhne zum König salbt, sondern den Jüngsten (David), der als Hirte am Feld ist, ist natürlich das höchste der Hirtengefühle. Besondere Berühmtheit erlangte das Hirtenbild mit dem wunderbaren Psalm 23 („Der Herr ist mein Hirte").

Und Jesus wird das Hirtenbild dann auch im Neuen Testament gerne aufgreifen, etwa im Gleichnis vom guten Hirten. Und einige der ersten Darstellungen von Jesus, die wir haben, stellen diesen auch als ebendiesen guten Hirten dar – lange vor etwaigen Darstellungen am Kreuz, die zu römischer Zeit logischerweise verpönt waren.

Aber es gibt eine Diskrepanz: Hirten gehörten trotz der löblichen Metaphern vom guten Hirten usw. zur untersten Schicht in Israel. Sie waren daher zu meiden, und waren deswegen religiös und sozial ausgeschlossenen vom Rest. Mitunter wurden sie sogar pauschal als Diebe angesehen. Die Lebensumstände der Hirten, auch die Orte an denen sie sein mussten, macht es ihnen aber auch nicht leicht die sehr strengen vorgeschriebenen religiösen Riten und hier vor allem die Reinigungsvorschriften einzuhalten. So verwundert es nicht, dass sie im Kontext der damaligen Zeit als unrein gelten. Zusätzlich wurden sie durch Geruch, Kleidung und vielleicht Aussehen leicht erkannt. Das Ansehen war definitiv sehr gering.

Sie sind als Vertreter der Unterschicht, des einfachen Volkes zu betrachten. Und doch (oder gerade deswegen?) sind es die Hirten, die von den Engeln zur Krippe gerufen werden, dass sich die Botschaft von der Geburt gerade ihnen als Erste offenbart. Obwohl oder vielleicht genau, weil die Hirten am Land lebten, haben sie einen anderen Bezug zum Leben. Und so sind sie vermutlich gar nicht so überrascht, den Messias in einem Stall vorzufinden – in einer ihnen vertrauten Umgebung.

Die Hirten legen letztendlich ihre Angst und ihr Erstaunen und selbst ihre Tätigkeit als Hirten ab und machen sich auf zur Krippe – im Vertrauen darauf, dass die Engel es ernst gemeint haben mit ihrer Botschaft. So werden die Hirten sehr mobil: in ihrem Herzen, welches sie öffnen und mit ihren Füßen. Sie verharren nicht in Furcht, sondern machen sich auf den Weg. Sie werden nicht nur zu Zeugen der Menschwerdung Gottes, sie werden gewissermaßen zu Propheten, die eine Offenbarung erhalten hatten.

Und so werden aus den suchenden Hirten, aus den suchenden Sterndeutern, Menschen die etwas finden oder wie Maximilian Fürnsinn sagt: „Wir sind nicht so sehr Suchende. Wir sind Gefundene!"

Der Stern

Der Stern ist als Weihnachtsstern wohl der häufigste Schmuck zur Advent- und Weihnachtszeit: als Keks, auf dem Christbaum ganz oben (seit mindestens 1862 nachgewiesen) oder als Strohstern weiter unten, als Dekoelement im (Schau)Fenster, als häufige Beleuchtungsform, als Pralinenpackerl oder als Pflanze.

Es ist freilich so, dass der Weihnachtsstern seine Bahn zieht und damit das gesamte kosmische Bild verändert. Er wandert als ein Leitfaden, ein Wegweiser den gesamten Himmel entlang und findet letztendlich sein Ziel ausgerechnet über einem Stall. Eigentlich eigenartig. Doch mit dieser Herkunft vom Himmel (seit jeher Sitz Gottes und damit auch Sinnbild für die Transzendenz) berühren sich Himmel und Erde, berühren sich Transzendenz und Immanenz. Mit dieser Bewegung des Sterns wird die gesamte Schöpfung, die Ordnung des Kosmos erneuert. Der Stern ist letztlich ein herrliches Bild dafür, dass sich Himmel und Erde berühren und dadurch Menschen berührt werden sollen zu neuem Leben.

Was man in der Antike von Sternen dachte

In antiken Kulturen stehen besondere Ereignisse oft mit besonderen Himmelsphänomenen in Zusammenhang. Nicht ganz unähnlich zu heute glaubte man an die Wirksamkeit der Sterne und ihrer Konstellationen auf das alltägliche Leben der Menschen. Dementsprechend hatte die Sternenkunde eine wichtige Bedeutung. Allerdings sind Astrologie und Astronomie nach antikem Verständnis nicht wirklich zu trennen. Himmelskörper faszinieren die Menschen seit Anbeginn und unser Weihnachtsstern ist einer der wichtigsten. In der Antike herrschte auch unter anderem der Glaube, dass mit der Geburt eines jeden Menschen ein Stern aufgeht, der ihn durch das Leben begleitet. Ist es ein ganz besonderer Mensch so geht auch ein entsprechend heller Stern auf. Himmelsphänomene waren also nicht nur negativ besetzt. Bei den Leichenspielen zu Ehren des Julius Caesar soll ein Komet sieben Tage lang geleuchtet haben, was man als gutes Omen für den künftigen Augustus deutete. Und auch dem Aeneas soll der Morgenstern vorangegangen sein auf seinem Zug und erst dann zu scheinen aufgehört haben als Aeneas sein Ziel in Italien erreicht hat.

Bei der Geburt Alexanders des Großen (bei Pseudo-Kallisthenes). Oder im Jahr 43 v. Chr. etwa erscheint im Juli in Rom plötzlich ein Komet, der stella crinita (behaarter Stern) genannt wird. Das Volk glaubt, dass es sich um die unter die Götter versetzte Seele Caesars handle. Caesar wird spontan zum Mythos, Portraits werden nun gern mit einem Stern dargestellt. Oder es erzählt uns Sueton (70 – ca. 122) in C. 36 des „Leben des Neros" von einem Kometen, der erscheint. Im Anschluss daran verdächtigt Nero einige Personen aus dem Umkreis der Verschwörung und lässt diese auch hinrichten. Das taugt zum Glück nicht wirklich als Vorbild für Jesus.

Was man in der Bibel von Sternen dachte

Das Judentum hatte eine ambivalente Haltung zur Sternenkunde: Auf der einen Seite betonte man dezidiert, dass die Gestirne nicht göttlich sind. So ist es Gott, der in der ersten Schöpfungsgeschichte Sonne, Mond und Sterne geschaffen hat. Damit grenzte man sich von den benachbarten Kulturen ab, vor allem aber vom (babylonischen) Osten. Auf der anderen Seite spielen Sterne in der Bibel eine gewisse Rolle, oft kommen sie allerdings in negativem Zusammenhang vor, etwa in Joel 4,15 wenn sich Sonne und Mond verfinstern und die Sterne ihr Licht zurückhalten.

Grundsätzlich steht dahinter, dass Sterne Zeugnis einer Idee der Götter oder Gottes sind, sie sind auch Erfüller und Zeichen seines Willens. Ein leuchtender Stern hat also eine ungeheure Symbolwirkung, nicht zuletzt in der biblischen Weihnachtsgeschichte. Es muss allerdings gesagt werden, dass sich lediglich Matthäus dieses Themas bedient, bei Lukas lesen wir nichts von einem Stern.

Und doch hat der Stern bei Matthäus tatsächlich eine ernstzunehmende Bedeutung. Das erkennen wir daran, dass Herodes (und nicht nur er) erschrickt, als ihm die Sterndeuter vom Stern und damit vom neuen König der Juden berichten. Diese kommen ja aus dem „Osten", also dürfen wir annehmen, dass es sich dabei wohl um Mesopotamien handelt. Babylon, die bedeutendste Stadt des Zweistromlandes, galt lange als Hochburg für Astrologie bzw. Astronomie, was damals nicht wirklich zu trennen ist.

Doch nur weil obskure Magier an den Hof kommen und dort um Auskunft bitten, erschrickt man und greift in weiterer Folge zum Äußersten? Eher unwahrscheinlich soviel auf das Wort von Magier-Ausländern zu geben. Wir können annehmen, dass es wohl der Stern ist, der Herodes und seinen Hofstaat zu dieser unglaublichen Reaktion, die im Kindermord gipfeln wird, bewegt und die Aussage der Magier bestätigt und ihr Gewicht verleiht. Zumal die Magier auch von „seinem Stern" sprechen, ihn also auf den neuen König hin personalisieren. Herodes nimmt den Stern ernst.

An Prophezeiungen gibt es keinen Mangel: Etwa Micha 5 oder 2 Samuel 5. Vor allem aber Numeri 24,16-17 verdient Beachtung: „Spruch dessen, der Gottesworte hört und die Kunde des Höchsten kennt, der eine Vision des Allmächtigen sieht, der niedersinkt mit entschleierten Augen: Ich sehe ihn, aber nicht jetzt, ich erblicke ihn, aber nicht in der Nähe: Ein Stern geht in Jakob auf, ein Zepter erhebt sich in Israel. Er zerschlägt Moab die Schläfen und allen Söhnen Sets den Schädel."

Dies ist eine Prophezeiung Bielams, dieser Text wurde schon früh als Weissagung über die Ankunft des Messias gedeutet – auch von Juden. Nur diese beziehen die Prophezeiung auf König David, Christen auf Jesus.

Im Gegensatz zu den anderen alttestamentlichen Stellen gibt es bei Matthäus aber kaum ein Zitat oder eine Parallele zu diesem Zitat, außer vielleicht, dass sowohl Bileam als auch die Magier aus dem Osten kommen. Zu diesem Bileam sollte aber gesagt werden, dass er grundsätzlich als negative Figur gesehen wird. Er wohnte am Euphrat (also im Osten) und soll die Israeliten im Kampf gegen die Moabiter verfluchen. Auf dem Weg dorthin schlägt er seine Eselin mehrmals, da er nicht merkt, dass ihm diese das Leben rettet, in dem sie vor dem für Bileam nicht sichtbaren Engel stehenbleibt. Die Israeliten segnet er zum Schluss sogar und prophezeit den Moabitern den Untergang.

Die Sterndeuter bei Herodes beziehen sich ganz offensichtlich auf genau diese Prophezeiung und sehen sie als erfüllt an. Die Bedeutung im Griechischen ist allerdings nicht ganz klar. „Wir haben einen Stern aufgehen sehen" oder „wir haben einen Stern im Osten gesehen". Speziell mit der ersteren Bedeutung könnte gemäß dem Glauben der damaligen Zeit gemeint sein, dass ein Mensch geboren ist und für einen besonderen Menschen natürlich ein besonders heller Stern sichtbar wird. Damit würden wir aber das Feld der Astronomie grundsätzlich verlassen. Bei Bileam und seinem Stern wird dieser Stern ganz offensichtlich als Synonym für die kommende Person eingesetzt, das würde so gut zu dieser ersten Bedeutung passen.

Die Sterndeuter aus dem Osten sind von vielen Krippendarstellungen kaum mehr wegzudenken. Ebenso wenig wie die jugendlichen Sternsinger, die ihren Vorbildern alle Ehre machen.

Eines ist klar: Die Hoffnung auf einen Nachfolger Davids, der Israel befreit, war damals sicherlich sehr aktuell und verbreitet. Aber trotzdem muss man hier nicht krampfhaft eine Analogie herstellen. Und trotzdem erachte ich persönlich diese Stelle als nicht wirklich ideal für eine Weissagung, die sich auf Jesus bezieht. Moab die Schläfen und den Söhnen Sets die Schädel zu zerschlagen ist schon eine etwas unjesuanische Sache. Auch wenn diese Stelle vermutlich nur als Drohung für den moabitischen König Balak gedacht ist.

Wir wissen natürlich warum Herodes die Magier dann noch einmal zu sich kommen lässt und ihnen vorgaukelt, dass auch er dann den Neugeborenen anbeten werde. Die Frage, wann die Magier den Stern aufgehen haben sehen, wird indirekt beantwortet, da Herodes in weiterer Folge beim Kindermord alle Kinder unter 2 Jahren töten lässt. Also gibt es den Stern vielleicht sogar schon 2 Jahre lang.

Das wäre allerdings ein Widerspruch zur Weihnachtsgeschichte, weil Jesus dann kein Säugling, sondern ein Kleinkind wäre. Abgesehen davon, dass Maria und Josef kaum 2 Jahre lang in der Krippe gewartet hätten. Wobei es die Krippe bei Matthäus ja nicht gibt, aber die Flucht nach Ägypten stünde schon längst auf dem Reiseplan.

DOCH GAB ES NUN TATSÄCHLICH EINEN STERN?

Aber gab es diesen Stern nun wirklich oder ist er Fiktion, ein literarisches Ausdrucksmittel zur Verstärkung der Botschaft des Evangelisten? Benedikt XVI. beschäftigte sich ausführlich mit der Geburt Jesu. Er befürwortet zwar die historisch-kritische Bibelauslegung, plädiert allerdings auch für einen gewissen Glauben, wenn es um biblische „Tatsachen" geht. Nach Benedikt müssen wir uns auf die (biblische) Quelle verlassen, wenn nirgends anders etwas über ein bestimmtes Ereignis wie etwa die Geburt Jesu geschrieben steht. So sieht Benedikt im Stern von Bethlehem nicht nur eine theologische, sondern auch eine astronomische Gegebenheit.Es lohnt sich, den Blick von der Theologie auszuweiten hin zur Naturwissenschaft. Und tatsächlich gab und gibt es auch eine große Anzahl an Astronomen, die sich mit diesem Thema auseinandergesetzt haben. Fazit: Ob es den Stern nun wirklich gegeben hat, lässt sich mit Sicherheit nicht sagen. So weit, so unklar.

Es gibt aber immerhin einige interessante Hypothesen um den Stern, die Beachtung verdienen:

DER KOMET

Ein Stern mit einem Schweif, also ein Komet, prägt am ehesten die vielen Krippen- und sonstigen Sterndarstellungen. Das kommt nicht von ungefähr, ist doch die Ansicht, dass der Stern von Bethlehem eben ein Komet war, zumindest die älteste. Auch beim maßgebenden Giotto-Fresko in der Cappella degli Scrovegni in Padua (1304–1306) wird der Stern als Komet dargestellt. Inspiriert ist Giotto wohl von einer Beobachtung des

Halleyschen Kometen im Jahr 1301 worden. Tatsächlich wissen wir von chinesischen Aufzeichnungen, dass im Jahr 5 v. Chr. ein Komet im Sternbild Steinbock 70 Tage lang am Himmel zu sehen war. Das könnte also passen. In diesem Zusammenhang wird auch oft der Halleysche Komet erwähnt, der nachweislich zwischen 12 und 11 v. Chr. aufgetaucht ist und der Erde am 29. Dezember 12 v. Chr. am nächsten war. Kritiker weisen allerdings darauf hin, dass der Komet ein Signal für bevorstehende Unglücke war und damit wohl kaum als Zeichen für die Geburt des Messias zu gebrauchen sein dürfte. Was sich allerdings insofern widerlegen lässt, da Gott mit der Geburt seines Sohnes sowieso jede Vorstellung von Königtum konterkariert: in ärmlichen Verhältnissen dezidiert in Windeln usw. Bei Jesus ist also alles anders als gewohnt.

Ebenso dagegen spricht die Tatsache, dass Kometen kaum so lange sichtbar sein dürften, um aus dem „Osten" nach Judäa zu reisen, wie es die Sterndeuter taten. Auch dass es sonst niemanden gibt, der dieses Ereignis aufgeschrieben hat, lässt ebenfalls leise Zweifel aufkommen. Was nun aber wirklich gegen die Kometen-Theorie spricht, ist die Tatsache, dass Matthäus erstens dezidiert von einem Stern spricht und zweitens dieser Stern über dem Geburtsort stehen blieb. Er bewegt sich also und steht dann still – paradox. Und trotzdem erklärbar, allerdings nicht als Komet.

JUPITER, SATURN UND IHRE KONJUNKTION

Sehr einflussreich auf die Geschichte des Sterns von Bethlehem war Johannes Kepler (1571–1630). Er bemerkte eine Sternenkonstellation bei der Jupiter und Saturn sich so nahe kamen, dass beide zu einem einzigen Lichtpunkt von der Erde aus gesehen verschmolzen, dass sie von der Erde aus mit freiem Auge betrachtet, wie ein Stern aussahen. Er berechnete das Jahr 7 v. Chr. für dieses Ereignis.

Die meisten Forscher sind sich unter Berücksichtigung Keplers mittlerweile einig, dass es wohl eine Konjunktion der Planeten Jupiter und

Saturn im Sternbild der Fische, eine Tripel-Konjunktion war. Eine Konjunktion ist eine scheinbare Bewegung zweier fixer Himmelskörper (Sonne, Mond, Planeten). Diese dreifache Konjunktion ist sehr selten, es gab sie in zeitlicher Nähe zum Weihnachtsgeschehen im Jahr 7 v. Chr. und passt in den historischen Kontext des Neuen Testaments. Und das eben drei Mal im Jahr, nämlich am 5. Juni, am 21. September und am 14. Dezember.

Der zuvor angesprochene Stillstand ist insofern erklärbar, als die Erde von innen her einen Planeten überholt, es zu einer Umkehrung der Richtung des Planten kommt.

Eine Supernova als Stern von Bethlehem?

Johannes Kepler verband seine Konjunktionstheorie mit einer Supernova, die dadurch ausgelöst worden wäre. Für den Naturwissenschaftshistoriker und Religionswissenschaftler Werner Papke (*1944) war der Stern von Bethlehem eine Supernova. Er sieht sich durch entsprechende Keilschrifttexte bestätigt, die er mit „diejenige, welche den in Eden verheißenen Samen gebären wird", welche auf eine Jungfrau mit Namen „Erua" bezogen wird, angibt. Diese soll man am Himmel gesehen haben. Das Aufleuchten datiert er auf den 30. August 2 v. Chr., woraufhin sich die Sterndeuter, die für ihn Zarathustra-Anhänger gewesen sein sollen, auf den Weg machten und am Morgen des 28. November nach Bethlehem kamen.

Die Fachwelt lehnt diese Theorie mehrheitlich ab, denn es fehlt schlicht und ergreifend ein passender Supernova-Überrest.

Es gibt natürlich noch weitere Theorien, allerdings muss gesagt werden, dass in nahezu allen Jupiter eine zentrale Bedeutung hat. So soll 3 und 2 v. Chr. Jupiter im Sternbild des Löwen eine Konjunktion mit Venus und Regulus gemacht haben. Dabei ist er mit Venus zwei mal „verschmolzen".

In absehbarer Zeit wird übrigens diese Konjunktion wieder als Verschmelzung sichtbar sein und das lustigerweise (wieder) zur Weihnachtszeit: am 21. Dezember 2020.

Der Stern als Symbol?

Der österreichische Astronom Konradin Ferrari d'Occhieppo (1907–2007) favorisierte die Konjunktion von Jupiter und Saturn im Zeichen der Fische und trägt als Astronomiehistoriker weitere interessante Informationen zur Diskussion bei: Nach seiner Theorie steht das Sternbild der Fische für den Westen, also auch Israel bzw. Palästina, während Jupiter den Marduk, seines Zeichens höchster babylonischer Gott, und damit das Königtum symbolisiert. Saturn steht für das jüdische Volk. So gesehen kann man die Konstellation dahingehend deuten: König + jüdisches Volk = im Westen bzw. Israel. Allerdings steht Saturn in babylonischen Quellen auch für Syrien, wobei Israel ja gewissermaßen Teil der römischen Provinz Syrien war.

Für Ferrari d'Occhieppo war genug Zeit für eine Reise der Magier in den Westen, da sich die Konjunktionen in einem Abstand von mehreren Monaten ereigneten.

Allerdings spricht Matthäus von einem Stern und einem Planet – ein Unterschied, der damals sicherlich grundsätzlich bekannt war. Es bleibt aber die Frage, inwiefern Matthäus astrologisch gebildet war und beide zu unterscheiden wusste.

Nun ist es in der Theologie durchaus verbreitet, die Ereignisse nicht als wortwörtlich bzw. tatsächlich so geschehen einzuordnen, sondern eher als symbolische oder mythologische Motive. So gibt es nicht wenige moderne Exegeten, die Ferrari d'Occhieppos Theorien einiges abgewinnen können. Kurzum: Eindeutigkeit gibt es auch in diesem Bereich nicht. Suchen Sie sich Ihren persönlichen Favoriten aus.

HEILIG? DREI? KÖNIGE?
ODER: WER VON DEN DREIEN IST DER SCHWARZE?

Stellen Sie sich vor, Sie wären mit Ihrem frisch geborenen Kind in Seinem Stall (den Sie nach etlicher Mühsal endlich gefunden haben) und dann kommen plötzlich Magier aus dem Osten, vielleicht waren sie sogar Könige aus dem Morgenland, daher. Was haben sich wohl Maria und Josef gedacht beim Anblick der Sterndeuter und ihren wertvollen Geschenken? Gestern noch auf Suche in einer nicht wirklich vertrauten Umgebung, heute wird dem neugeborenen Kind gleich als König gehuldigt? Spätestens jetzt wird sich Maria wohl gedacht haben: „Auf was habe ich mich da bloß eingelassen?"

Natürlich hat es sich eingebürgert, von den Heiligen Drei Königen zu sprechen. Blickt man in die Bibel so ist darin weder von drei Personen noch von Königen die Rede. Und heilig sind sie ebenso wenig wie die Hirten, die im Lukasevangelium zur Krippe kommen (und diese werden auch nie heilig).

Die sogenannten Könige kommen nur in einem einzigen Evangelium vor, nämlich bei Matthäus am Beginn des 2. Kapitels. Somit stellt sich natürlich auch die Frage nach ihrem historischen Wert. Wenn wir nach der Historizität des Textes fragen, müssen wir uns vor Augen halten, dass das Matthäus Evangelium gute 70 Jahre nach den tatsächlichen historischen Ereignissen aufgeschrieben worden ist. Auch ist die Literaturgattung des Evangeliums nicht unbedingt jene eines Geschichtsbuches.

DIE HULDIGUNG DER STERNDEUTER: 2,1-12

„Als Jesus zur Zeit des Königs Herodes in Bethlehem in Judäa geboren worden war, kamen Sterndeuter aus dem Osten nach Jerusalem und fragten: Wo ist der neugeborene König der Juden? Wir haben seinen Stern aufgehen sehen und sind gekommen, um ihm zu huldigen. Als

König Herodes das hörte, erschrak er und mit ihm ganz Jerusalem. Er ließ alle Hohenpriester und Schriftgelehrten des Volkes zusammenkommen und erkundigte sich bei ihnen, wo der Messias geboren werden solle. Sie antworteten ihm: in Bethlehem in Judäa; denn so steht es bei dem Propheten: „Du, Bethlehem im Gebiet von Juda, / bist keineswegs die unbedeutendste / unter den führenden Städten von Juda; / denn aus dir wird ein Fürst hervorgehen, / der Hirt meines Volkes Israel." Danach rief Herodes die Sterndeuter heimlich zu sich und ließ sich von ihnen genau sagen, wann der Stern erschienen war. Dann schickte er sie nach Bethlehem und sagte: „Geht und forscht sorgfältig nach, wo das Kind ist; und wenn ihr es gefunden habt, berichtet mir, damit auch ich hingehe und ihm huldige." Nach diesen Worten des Königs machten sie sich auf den Weg. Und der Stern, den sie hatten aufgehen sehen, zog vor ihnen her bis zu dem Ort, wo das Kind war; dort blieb er stehen. Als sie den Stern sahen, wurden sie von sehr großer Freude erfüllt. Sie gingen in das Haus und sahen das Kind und Maria, seine Mutter; da fielen sie nieder und huldigten ihm. Dann holten sie ihre Schätze hervor und brachten ihm Gold, Weihrauch und Myrrhe als Gaben dar. Weil ihnen aber im Traum geboten wurde, nicht zu Herodes zurückzukehren, zogen sie auf einem anderen Weg heim in ihr Land."

Dass sich die Magier in weiterer Folge so einer großen Beliebtheit erfreuen, mag damit zusammenhängen, dass es in den Evangelien immer wieder erwähnte Personen gibt, die bei sehr wichtigen Ereignissen kurz auftauchen, meist namentlich gar nicht genannt werden und ebenso schnell wieder verschwinden wie sie im Text vorgekommen sind. Mein Liebling diesbezüglich ist der Jüngling bei der Gefangennahme Jesu bei Markus. Er wollte Jesus nachfolgen, wurde aber am Gewand gepackt und lief nackt davon. Das war's, mehr wissen wir nicht. So etwas fordert natürlich unsere Fantasie heraus und im Lauf der Jahrhunderte das Bedürfnis diese Lücken literarisch zu füllen. Das ist im Folgenden im Hinterkopf zu behalten.

In der Bibel wird aus der sündigen Frau Maria von Magdala, die Schächer am Kreuz werden zu Demas (oder Getas) und Dysmas, rund um Barabbas, der statt Jesus freigelassen wurde, entstehen diverse Geschichten (und dann natürlich auch Verfilmungen). Dass wir eben von den Heiligen Drei Königen sprechen, ist also ein Ergebnis eines jahrhundertelangen Prozesses.

Drei?

Interessant ist die Bezeichnung: Denn die „Heiligen Drei Könige" müssten ja eigentlich „Drei heilige Könige" heißen. Da aber die Dreizahl eine besondere, ja heilige Bedeutung hat, gibt es im Deutschen diese klassische Bezeichnung. Anhand der drei symbolischen Geschenke – Gold, Weihrauch und Myrrhe – wurde bereits von Origines (um 185–254) die Dreizahl der Magier angenommen – ebenso etwas später von Papst Leo (440–461). Aber das war nur zum Teil mehrheitsfähig, denn noch im Mittelalter gab es durchaus den Glauben an 12 Sterndeuter. Nicht zuletzt in Syrien waren 12 Magier keine Seltenheit und symbolisch (nach den 12 Stämmen Israels) auch nicht ganz unlogisch. Aber relativ bald galt die Dreizahl als Allgemeingut.

Frühe Malereien in Katakomben zeigen nämlich auch zwei oder vier Magier. Beliebt waren seit dem Mittelalter die Geschichten rund um einen vierten König. Dieser hatte als Gabe drei Edelsteine dabei, verirrte sich aber während der Reise oder half mit diesen Edelsteinen den Armen unterwegs. Und weil es offensichtlich so viele Arme und Kranke zum Kümmern gab, verspätete sich der vierte König um ganze 35 Jahre und kam schließlich nach Jerusalem zur Kreuzigung dieses Jesus. Besser spät als nie.

KÖNIGE, STERNDEUTER, WEISE, MAGIER? WAS DENN JETZT?

Dass wir übrigens immer wieder von den „Weisen aus dem Morgenland" hören, verdanken wir Martin Luther und seiner Bibelübersetzung. Aber so ganz präzise ist auch er nicht. Zuallererst spricht (oder besser schreibt) die Bibel von den „Magoi", also der Plural von „Magos", was man mit Sterndeuter, Weiser oder eben Magier übersetzt. Luther entscheidet sich für die „Weisen", die katholische Einheitsübersetzung für „Sterndeuter".

Sehr interessant ist der Blick auf das antike Verständnis des Begriffs, d.h. wie nahmen damalige Leser des Matthäusevangeliums diesen Begriff auf? Ein Magos ist eine aus Persien stammende Person, die eine Art Erzieher der dortigen Prinzen war. Natürlich war diese Person auch versehen mit einem beträchtlichen Wissen und möglicherweise auch in Kontakt mit übernatürlichen Phänomenen wie etwa Geistern. Dass die Magier aus dem Osten oft mit Persern gleichgesetzt werden geht darauf zurück, dass gerade in Persien die Astrologie und die Astronomie (die beide nicht voneinander zu trennen waren) damals sehr hoch im Kurs standen. Auch nach Apuleius (123–ca. 170), der sich wegen einer Anklage wegen Zauberei mit dem Thema beschäftigen muss, sind Magier Mitglieder einer persischen Priesterkaste und eine Art geistige Elite. Sieht man sich die Bibel als Ganzes an, so ist auch dort immer wieder von diesen Magiern die Rede. Dass die Magier bei Matthäus positiv konnotiert werden, ist etwas in der gesamten Bibel Einzigartiges. Selbst das restliche Neue Testament (z.B. Apostelgeschichte) steht diesen sehr negativ gegenüber. Einige Beispiele:

- ■ Exodus 7-9: Moses und Aaron messen sich mit den Magiern des Pharaos.
- ■ Numeri 21 und Nehemia 13.2: Bileam, ein Magier, verflucht die Israeliten, aber Gott macht ihm einen Strich durch die Rechnung und wandelt den Fluch in Segen um.

- Daniel 2,2: Die Magier können den Traum des babylonischen Königs Nebukadnezar nicht deuten. Der Prophet Daniel hingegen ist klüger als alle Magier im neubabylonischen Reich.
- Apostelgeschichte 8,9-13: Simon, von Beruf Magier, wird durch Philippus bekehrt und auch getauft.
- Apostelgeschichte 13,6-11: Barjesus ist als falscher Prophet und Magier in Zypern unterwegs. Als Strafe dafür wird er von Gott blind gemacht.
- Apostelgeschichte 19,13: Jüdische umherziehende Beschwörer rufen über einem Besessenen dessen bösen Geist an. Der kennt zwar Jesus und Paulus, geht aber auf die Beschwörer los und diese mussten „nackt und zerschunden aus dem Haus fliehen".

Nun herrschte beim bibelkundigen antiken Leser bei der Lektüre des Matthäusevangeliums natürlich Skepsis, wenn sich solche Magier aus dem Osten auf zum Jesuskind machen. Eine mögliche Deutung könnte nun sein, dass – ähnlich wie die Hirten bei Lukas – diese eher negativ konnotierte Berufsgruppe durch ihre Hinwendung zu Jesus eine Art Transformation durchmacht. Das wird gerade im Kontakt mit König Herodes und seinen Schriftgelehrten deutlich. Denn während diese (die in hohem Ansehen stehen) nicht wirklich begreifen worum es geht, sind es die mitunter obskuren Magier aus dem Osten, die das Wesentliche verstehen. Die alten Kirchenväter bekämpften Astrologie grundsätzlich und deuteten ihr Problem, dass sie dadurch mit den Sterndeutern hatten damit, dass der Stern letztendlich ein Ende der Magie durch Gott bedeutet. Basilius oder Chrysostomos sehen die Sterndeuter als persische bzw. chaldäische Magier. Später wurden diese quasi rückwirkend zu Dienern des Mithras erklärt.

Stichwort Osten: Da sind wir auch schon bei einer ganz wichtigen Funktion dieser Magier: Sie sind vor allem Ausländer. Wer glaubt, nur unsere Gesellschaft hat einen Hang zur Xenophobie, der sollte einmal auf das Verhältnis Israels mit seinen Nachbarvölkern bzw. mit allen Völkern, die Nicht-Hebräer sind blicken (vgl. etwa den Umgang mit Samaritern: Frau am Brunnen).

Dass die Magier keine Juden sind, wird durch ihre Frage nach dem neugeborenen „König der Juden" offensichtlich. Wären sie Juden gewesen, hätten sie wohl von „unserem König" oder dem „König Israels" gesprochen. Matthäus ist als Schriftsteller sehr konsequent, die Bezeichnung der Magier „König der Juden" taucht zum Schluss seines Evangeliums noch einmal auf, nämlich beim Verhör, als Jesus von Pontius Pilatus, der wie die Magier auch ein Heide ist, gefragt wird, ob er der König der Juden sei. Geburt und Tod bzw. dann natürlich die Auferstehung sind bei Matthäus eng mit dem Königtum Jesu verbunden. Und übrigens endet dieses Evangelium mit dem Auftrag Jesu zu allen Völkern zu gehen, womit natürlich auch die Heiden gemein sind. Damit will Matthäus unter anderem sagen, dass Jesus nicht nur für die Juden, sondern gerade auch für die Heiden von essentieller Bedeutung ist.

Für Matthäus ist es wichtig zu zeigen, dass auch die Heiden in Form der Magier nach dem einen Gott suchen und dass Gott diese aber durch den Stern nicht abweist, sondern eben zu sich führt. Mit den Juden geht Matthäus eher härter ins Gericht, denn sie erkennen den Messias nicht, die Heiden und Ungläubigen hingegen schon und zwar ohne Kenntnis der Heiligen Schrift. Allerdings veranlassen die Heiden die Juden ihre eigenen Schriften wieder näher kennenzulernen und darin nachzulesen wie es am Hof des Herodes geschieht. Es sind Vertreter des Heidentums, die als Erste zu Jesus kommen und diesen als König huldigen in dem sie sich vor ihm niederwerfen also, wie in 2,11 („da fielen sie nieder und huldigten ihm") beschrieben eine Proskynese machen – also eine altorientalische Geste der Anbetung.

Seltsame Geschenke: Gold, Weihrauch und Myrrhe

Nun haben natürlich auch die drei Gaben keine rein faktische Bedeutung. Wie sinnlos wäre vor allem der Weihrauch für eine gerade entstandene Jungfamilie. Wer selbst Kinder hat, stelle sich vor, dass gleich nach der Geburt in einem heruntergekommenen Krankenzimmer jemand Gold bringt (was durchaus sinnvoll wäre), Weihrauch (zwar sehr wertvoll, aber naja) und Myrrhe (auch sehr wertvoll, aber etwas zynisch, da damit auch die Toten eingerieben werden). Die Gaben sind vielleicht auch ein Rekurs auf Jesaja 60,6, auf die Völkerwallfahrt zum Zion. Hier heißt es: „Zahllose Kamele bedecken dein Land, Dromedare aus Midian und Efa. Alle kommen von Saba, bringen Weihrauch und Gold und verkünden die ruhmreichen Taten des Herrn." Zumindest Gold und Weihrauch werden von den Völkern der Erde an JHWH dargebracht. Und in Psalm 72,10: „Die Könige von Tarschisch und von den Inseln bringen Geschenke, / die Könige von Saba und Seba kommen mit Gaben." Seba liegt nach biblischem Verständnis in Nord-Ost-Afrika, Saba in Südarabien bzw. im heutigen Jemen.

Natürlich ist es sehr schwer, einen 2.000 Jahre alten Text zu deuten, da uns viele Sprachbilder und Symboliken heute nicht mehr verständlich sind. So ist es auch ein bisschen mit den drei Gaben, die allesamt (auch) Symbolcharakter haben. Sie waren damals sehr wertvoll und gebühren als Geschenk wohl auch nur einem König.

Gold

Am einfachsten nachzuvollziehen ist die Sache noch bei Gold. Dieses Edelmetall fand neben dem profanen Bereich auch reichhaltige Verwendung im Kult bei sehr vielen Völkern, vom alten Ägypten über die Indianer Südamerikas bis hin zum „Goldenen Kalb" in der Tora.

Abgesehen vom materiellen Wert, der sich in den letzten 2.000 Jahren kaum geändert hat, steht Gold symbolisch für das Königtum Jesu, für seine Königswürde und weist ihn als eine Art Herrscher aus – nach antikem Verständnis durchaus auch ein politischer Herrscher. Vielleicht kann es als damals wertvollstes Edelmetall als Metapher für den Messias gesehen werden.

Weihrauch

Der Name kommt vom Althochdeutschen und heißt soviel wie „Heiliges Räucherwerk", wodurch er schon sehr gut charakterisiert wird, als wichtiger Gegenstand im kultischen Bereich. Da er entweder im sakralen Bereich oder an Festtagen mehrheitlich benützt wird, umgibt ihn eine Aura der Heiligkeit. Seit nunmehr 7.000 Jahren wird er vor allem im Gottesdienst verwendet – sowohl im indischen Ayurveda als auch im Alten Ägypten, etwa bei der Mumifizierung. Einer der ältesten Handelswege der Welt, die „Weihrauchstraße", verdankt dem Harz seinen Namen. Sie führt vom Hauptanbau im Oman und südlichen Arabien nach Damaskus.

Der Weihrauch mag auch für die Göttlichkeit des Beschenkten stehen. Das Aufsteigen des Weihrauchs hat sakralen Charakter und symbolisiert die Entfaltung des Göttlichen und das zu Gott aufsteigende Gebet. So steht der Weihrauch für Jesus als Sohn Gottes und für die Menschwerdung Gottes.

Botanisch gesehen gehören Weihrauch und Myrrhe zur Familie der Balsamgewächse (Burseraceae), sie kommen überwiegend in den Trockengebieten des subtropischen und tropischen Afrikas sowie in Arabien vor. Weihrauch wird überwiegend vom sogenannten Weihrauchbaum, der Boswellia sacra gewonnen. Südarabien hat seine Vormachtstellung in Sachen Weihrauchproduktion längst verloren: Somalia produziert 80% des weltweiten Weihrauchs.

Im ayurvedischen Bereich wurde Weihrauch nicht nur im liturgischen, sondern auch im medizinischen Bereich gebraucht: Geruch, Desinfektion und Liturgie waren die Hauptverwendgründe.

*Ob klassisch barock oder als Spielzeugfiguren:
Geschenke haben die Heiligen Drei Könige immer dabei.*

Myrrhe

„Sagen sie, mal, was ist denn Myrrhe für ein Zeug?" (Das Leben des Brian, erste Szene). Diese Frage haben sich zweifelsohne schon viele Menschen gestellt. Myrrhe ist ein zwar wohlriechender, aber sehr bitter schmeckender Saft aus der Baumrinde. Durch das Trocknen kristallisiert er in durchsichtige Körner von weißlicher oder rötlicher Farbe. Als flüssiges Gummiharz tritt es meist heraus, wenn man die Rinde des Baumes verletzt. Anfangs noch flüssig, erstarrt es bald an der Luft zu hellbraunen Klumpen. Nach der Regenzeit von Juni bis August wird die Rinde eingeschnitten und die harte Myrrhe gesammelt. Hauptanbaugebiete sind wie beim Weihrauch Somalia, der Jemen sowie im Sudan und Erithrea.

Sowohl Weihrauch als auch Myrrhe sind Baumharze, die damals wie Gold sehr wertvoll und kostbar waren. Beide Harze wurden damals in religiösen Riten verwendet. Im Buch Exodus lesen wir etwa vom Salböl, das mit edler Myrrhe und Zimt gemacht wird. So deutet Myrrhe auch auf eine Salbung eines möglichen Messias hin. Im Markusevangelium bekommt Jesus am Kreuz ein Getränk, welches mit Myrrhe gemischt ist als Sedativum, welches dieser allerdings ablehnt. Myrrhe hat auch eine antiseptische Wirkung. Gekaut half es bei Entzündungen im Mund- und Rachenbereich. Durch seine gesunde Wirkung kann Myrrhe aber auch auf die Heilkraft Jesu verweisen. Wohl gebräuchlicher wurde Myrrhe aber zur Einbalsamierung der Leichen gebraucht. Im Johannesevangelium bringt Nikodemus etwa Myrrhe (gemischt mit Aloe) zur Totensalbung Jesu.

Aber in beiden Fällen ist Myrrhe ein vielleicht zynisches Geschenk, da es auf den Tod Jesu schon jetzt in seinen ersten Lebenstagen verweist. Myrrhe könnte so am ehesten als Symbol für Passion und Tod Jesu gesehen werden, also als Zeichen der Hingabe seines Lebens.

Eine alte, nette Überlieferung, die sogenannte syrische „Schatzhöhle" berichtet übrigens, dass einst Adam und Eva diese drei Gaben in einer Höhle für den Tag X (also die Geburt Christi) hinterlegt hätten. Dort wurden sie dann von den Sterndeutern gefunden.

Könige?

Vielleicht hat die „Royalisierung" der Sterndeuter auch damit zu tun, dass im Alten Testament steht, dass der Messias von Königen Gegengeschenke erhalten wird. Wie ich zuvor, so verweist auch Tertullian (um 160–220) auf Jesaja 60,3 oder Psalm 72,10, wenn es eben Könige sind, die von Tarschisch, Saba und Scheba Geschenke bringen.

Erste Ansätze, dass dies Könige waren, gab es aber schon von Leo, dem Großen (440–461), da man in nachvollziehbarer Weise darauf schloss, dass nur Könige solch wertvolle Geschenke bringen konnten oder zumindest von Königen beauftragte Abgesandte. Auch Caesarius von Arles (470–542) spricht sehr früh von den Sterndeutern als Königen.

Hinter der Verköniglichung der Sterndeuter steckt natürlich auch eine Botschaft:
- Es wertet Jesus auf: Es macht einen Unterschied ob ein Bürgermeister, Landtagsabgeordneter oder Herrscher eines Landes ist, der zur Geburt gratuliert.
- Es relativiert irdische Herrscher: Selbst Könige, die die höchste gesellschaftliche Stufe darstellen (Papst und Kaiser ausgenommen) müssen sich letztlich verneigen und niederknien, also Gesten der Demut zeigen.

Als betende Könige stehen die Drei auch für die ideale Demut und Frömmigkeit von politisch Herrschenden. Das würde vielleicht heute auch so manchen gut zu Gesicht stehen, nur wären es eben dann „Drei heilige Präsidenten".

Und wie heissen sie?

Die Erzählung im Matthäusevangelium fand zunächst in jenen Apokryphen – also Texten, die beispielsweise aufgrund ihrer unzuverlässigen Authentizität nicht in den biblischen Kanon aufgenommen wurden – Beachtung, die wiederum in arabischen Ländern und Armenien Verbreitung fanden. Hier bekommen die Sterndeuter Namen und Königreiche. In einer Erzählung sind sie Brüder, in einer anderen heißen sie Hormzid, Jazdegerd und Peroz, in wieder einer anderen Melkon, Balthasar und Kaspar – und herrschen über Persien, Indien und Arabien.

In der steinalten Basilika Sant'Apollinare Nuovo in Ravenna aus dem 6. Jahrhundert sind bereits die drei abgebildet und benannt: Balthassar, ein Mann mittleren Alters mit dunklem Bart, Melchior ohne Bart und schließlich Gaspar als älterer Herr mit weißem Bart. Eine schwarze Hautfarbe hat (noch) keiner von ihnen, dafür tragen sie alle Hosen und phrygische Mützen als Zeichen ihrer orientalischen Herkunft.

Jacobus de Voragine (1228/29–1298) schreibt in der „legenda aurea" von den drei Königen als Appelius, Amerius und Damascus. Die mittlerweile schon bekannten Namen Galgalat, Balthasar und Melchior gibt er als griechische Übersetzung an. Was ja nicht wirklich stimmt, da die Namen wohl aus dem Orientalischen stammen:

Beltschazzar heißt soviel wie „Gott schütze sein Leben" und kommt eigentlich aus dem babylonischen Umfeld und bildet die Wurzel für unseren Balthasar. Ursprünglich ist es aber wohl Aramäisch. Auf jeden Fall wird Daniel am babylonischen Hof immer wieder so genannt (1,7; 2,26; 4,5; 5,12; 10,1).

Melchior kommt von Melech aus dem Hebräischen und meint „König des Lichts" oder „Mein König ist Licht".

Caspar ist möglicherweise persisch von Gudophohem oder Gundophares oder Gundafor.

Und wer ist jetzt wirklich der Schwarze?

Unter dem bedeutenden angelsächsischen Gelehrten Beda Venerabilis (672/673–735) kam es zu einer Identifikation der drei Sterndeuter mit den Lebensaltern, wie sie im Mosaik von Ravenna auch schon angedeutet werden. Auch stehen sie für die drei damals bekannten Kontinente: Asien, Europa und Afrika. Betont wird die Herkunft noch durch ihre Reittiere: ein Pferd für Europa, ein Kamel für Asien und ein Elefant für Afrika. Gold wird übrigens Melchior zugeschrieben, Balthasar kommt mit Weihrauch und Caspar mit Myrrhe. Gold steht dabei für Europa, Weihrauch für Asien und Myrrhe für Afrika.

Bei Beda nun ist Melchior der Greis aus Europa mit langem weißen Bart. Balthasar ist der Mann mittleren Alters mit schwarzem Bart und kommt aus Asien. Und damit ist klar, dass Caspar nicht nur der Jüngling ist, sondern aus Afrika kommt, womit das Rätsel um den Schwarzen gelöst ist. Zumindest wenn es nach Beda Venerabilis geht, der ja immerhin Kirchenlehrer, Gelehrter, Theologie und Heiliger ist.

Der Karmelitermönch Johannes von Hildesheim lässt sich von Beda Venerabilis und anderen Strömungen inspirieren und schreibt zwischen 1364 und 1375 „Historia trium regum" (Geschichte der Drei Könige). Dieses Werk war sehr populär und trug stark zur Verbreitung des Dreikönigsmythos bei. Nach Hildesheim herrschen die Könige über drei Länder, die bei ihm der Einfachheit halber allesamt Indien heißen. Bei Hildesheim ist Melchior ein kleiner Mann, Balthasar mittelgroß und Caspar der Größte. Er war ein schwarzer Äthiopier bzw. kommt aus einem afrikanischen Indien.

Die Symbolik dahinter ist wunderbar: Die Magier symbolisieren als drei Könige den orbis terrarum, also den ganzen bekannten Erdkreis. Die ganze Welt (vertreten durch die damals bekannten Kontinente) bzw. die ganze Menschheit (vertreten durch die Lebensalter) kommt, um diesem Jesuskind zu huldigen. Für Beda Venerabilis sind die drei Sterndeuter auch – nachvollziehbar – die ersten Christen.

Historisches Vorbild?

Nun gab es auch den Versuch, den Zug der Magier als von einem realen Ereignis direkt inspiriert zu sehen. Dafür wurde im Jahr 66 der Zug des armenischen Königs Tiridates nach Rom hergenommen. Aus Armenien, also vom äußersten Osten des Reiches kommend, gab es in jeder Stadt mit großem Aufwand Feierlichkeiten, bis er schließlich zu Nero nach Neapel kam und dort das Knie beugte, ihn seinen Herren nannte und anbetete. Besonders ausführlich wird dieses Ereignis bei Cassius Dio (163–229) beschrieben. Das ist allerdings die Schwäche dieser Theorie, denn dieser lebte um einiges nach Matthäus. Doch auch bei Sueton wird in Nero 13 davon berichtet und ebenso bei Plinius findet dieses Ereignis eine Erwähnung, ja er benützt sogar das Wort „Magus" (Magier) für Tiridates und seine Begleiter. Der Zug des Tiridates nahm übrigens explizit einen anderen Weg wieder nach Hause.

Nun sind reale Ereignisse von denen sich der Evangelist inspirieren ließ sicherlich nicht gänzlich auszuschließen, aber ganz überzeugt diese Theorie nicht. Darüber hinaus wird auch oft der Versuch unternommen, die Sterndeuter rückwirkend als Diener des Mithras darzustellen, der Ende des 3. Jahrhunderts und im 4. Jahrhundert gewissermaßen eine starke Konkurrenz für das aufstrebende Christentum darstellte. So sieht man in dieser Geschichte ein Dokument der Begegnung des Christentums mit Mithras-Vertretern. Diese beugen vor Christus die Knie, womit der Sieg des Christentums über den Mithraskult vorweggenommen wird.

WAS MACHEN DIE HEILIGEN DREI KÖNIGE NACH IHREM TOD SO?

Helena (eigentlich Flavia Julia Helena Augusta), die Mutter Kaiser Konstantins, soll die Gebeine der Heiligen Drei Könige auf einer Pilgerfahrt in Israel im Jahr 326 entdeckt haben (neben der Auffindung des Kreuzes und der Errichtung der Grabeskirche sowie der Geburtskirche). Aber natürlich stellt sich schon die Frage, was die Gebeine ausgerechnet in Israel machen, wo die Magier doch bei Matthäus eindeutig wieder nach Hause, also zurück in den Osten gezogen sind. Und auch Marco Polo berichtet, dass er auf seiner Reise durch Persien in der Stadt Saba (heute Saveh) im Nordwesten des Lanes das Grab der Heiligen Drei Könige gesehen habe. Aber das nur so nebenbei.

Die sterblichen Überreste gelangten dann nach Konstantinopel und wurden von dort der Legende nach durch Bischof Eustorgius I. von Mailand (um 345) in dessen Bistum gebracht, wo sie in einem römischen Sarkophag in San Eustorgio über 800 Jahre lang ruhten.

Als der Stauffer-Kaiser Friedrich Barbarossa im Jahr 1162 Mailand eroberte und zerstörte, überließ er die Reliquien seinem mächtigen Kanzler und Kölner Erzbischof Rainald von Dassel (1159–1167), der sie am 23. Juli 1164 (Fest der Translation) feierlich in die Stadt Köln überführte. Dassel selbst hatte ein Händchen für Marketing: Auf dem Zug durch das

Reich wurden immer wieder Zwischenstopps eingelegt und Andachten und Messen gehalten. Der Kult um die Gebeine wurde so groß, dass Köln zu einem der großen Wallfahrtsziele aufstieg. Und wahrlich, es setzte ein wahrer Pilgerboom ein und Köln wurde neben Rom und Santiago de Compostela zum dritten Wallfahrtsziel.

Um der Würde und Bedeutung dieser Reliquien gerecht zu werden, wurde der Goldschmied Nikolaus von Verdun beauftragt, einen Schrein zu errichten. Zwischen 1190 und 1225 schuf er eines der größten Kunstwerke des Mittelalters, den Dreikönigsschrein. Die Kölner dachten sich aber auch: Nicht kleckern, sondern klotzen, also bauen wir gleich einen neuen Dom. Und so wurde ab 1225 ein neues Gotteshaus geplant. Am 15. August 1248 erfolgte der Baubeginn. Und so entstand der größte Kirchenbau der damaligen Welt.

Im Reliquienkult des Hochmittelalters wurde die Echtheit der Gebeine nicht wirklich angezweifelt – heute naturgemäß massiv. Am 21. Juli 1864 öffnete man erstmals zur wissenschaftlichen Begutachtung den Schrein der Könige. Und tatsächlich fand man die Gebeine eines 12-jährigen Jungen, eines 30-jährigen Mannes und eines 50-Jährigen. Gekleidet sind sie in Purpur und Seide und syrischen Damast. Eine Untersuchung in den 1970er Jahren bestätigte dieses Ergebnis noch einmal.

Im Jahr 1981 wurde auch noch zusätzlich das Gewand untersucht, das die Skelette kleidete. Und siehe da, die nächste Überraschung: Der Experte für antike Stoffe, Daniel de Jonghe, stellte fest, dass die Stoffe ohne Zweifel mindestens aus dem 2. Jahrhundert stammen, vielleicht sogar aus der Zeit Jesu und zwar aus Palmyra, jener syrischen Oasenstadt, die als wichtiges Handelszentrum zwischen Persien und Ägypten lag. Tatsächlich wurde dafür auch Purpur verwendet, die Farbe der Herrscher, die streng abgeschottet und nur in ausgewählten Werkstätten hergestellt worden war. Dafür brauchte man übrigens rund 10.000 Schnecken – pro Gramm Purpur versteht sich.

Was sagen uns die Könige heute?

Ob ihrer langen und sicherlich beschwerlichen Reise galten die Sterndeuter auch bald als Schutzpatrone der Reisenden, allerdings auch der Spielkartenhersteller und Kürschner/Kirschner. Darüber hinaus werden sie auch bei Unwetter gerne angerufen. Doch ist es nicht ein Problem, wenn die Heiligen Drei Könige weder Könige noch drei waren? Also, dass sie historisch wohl nicht wirklich authentisch sind? Für den Glauben an das Christusereignis spielen sie (so schön ihre Geschichte auch ist) nur eine untergeordnete Rolle, d.h. wenn es sie gar nicht gegeben hätte, würde das (vielleicht ähnlich der biologischen Jungfräulichkeit Mariens) für den Glauben an Christus nicht wirklich eine entscheidende Rolle spielen.

Am vielleicht wichtigsten ist das, was die Sterndeuter tun: Sie machen sich auf den Weg, auf einen langen und sicherlich beschwerlichen Weg. Offensichtlich weil sie voller Sehnsucht und Hoffnung waren. Sie sind die Symbole der ganzen Menschheit auf ihrem Weg zu Christus. Erst in dieser Lesart, ist es nachvollziehbar, dass man sie mit den Lebensaltern und Kontinenten verknüpft hat, also zu Symbolgestalten, die für die gesamte Menschheit stehen.

Für Christoph Kardinal Schönborn sind die heiligen drei Könige „Pioniere der Gottsucher". Es ist bei ihnen besonders auffällig, dass gerade sie es sind, die den Stern sehen, diese Anomalie am Himmel wahrnehmen und deuten und sich so auf einem Weg nach Bethlehem aufmachen. Sie lassen sich von der Schöpfung durch die Schöpfung von Gott etwas sagen. Doch bleibt für mich die Frage offen: Warum nur sie? So ein Himmelsphänomen müsste auf der ganzen Erde in irgendeiner Form Menschen bewegt haben und wurde sicherlich von anderen Sterndeutern auch wahrgenommen. Gottsuchende gab und gibt es freilich schon immer – auch vor den Sterndeutern. Aber sie sind die Ersten in einer langen Reihe von Menschen, die von Gott Zeichen in ihrem Leben wahrnehmen, deuten und sich auf den Weg machen. In diesem Fall sogar wortwörtlich.

Die Geburtskirche von Bethlehem mit ihrem ganz eigentümlichen Eingangsportal und dem Stern, der die (vermutete) Geburtsstelle Jesu anzeigt.

BETHLEHEM

Meistens im Hintergrund der Krippenszenerie und als orientalischer Aufputz liegt die Stadt Bethlehem. Der Name bedeutet wohl Haus (Beth) des Kampfes, des Gottes Lacham oder des Brotes. Die Stadt mit ihren 30.000 Einwohnern liegt im palästinensischen Autonomiegebiet im Westjordanland, d.h. man muss zuerst die große acht Meter hohe israelische Betonmauer mit Wachtürmen samt Kontrollen passieren. Unter den Einwohnern Bethlehems finden sich übrigens sehr viele christliche Palästinenser, die einerseits sehr unter den immer mehr wachsenden jüdischen Siedlungen leiden und andererseits ihren eher kärglichen

Lebensunterhalt mit dem Verkauf von mehr oder weniger kunstsinnigen Devotionalien an die Pilger verdienen. Tatsächlich war im April 2002 die Kirche im Belagerungszustand als sich dort bewaffnete Palästinenser verschanzt hatten und von der israelischen Armee belagert wurden. Jesus würde sich in der Krippe umdrehen ...

Wenn sie nicht reserviert haben, so kann es ihnen noch heute in Bethlehem mitunter so wie Josef und Maria ergehen, dass sie schlicht und ergreifend nirgendwo ein Zimmer bekommen, da Bethlehem in der Weihnachtszeit meist restlos ausgebucht ist.

TATORT BETHLEHEM: IST JESUS WIRKLICH DORT GEBOREN?

Bethlehem ist tatsächlich ein kleines Problem. Denn nach Micha 5,1 kommt der Messias von ebendort (siehe Kapitel ZUVOR). Und da das Weihnachtsgeschehen Jesus als Messias ausweisen will, ist es notwendig, seine Geburt eben in dieses Bethlehem zu verlegen. Denn Bethlehem ist die Stadt Davids. König David, der populärste und größte König Israels stammte von genau dort. Und tatsächlich erwartete man damals einen neuen Messias (also Gesalbten), der nur aus dem Haus David kommen konnte. Es ist gar nicht unverständlich, dass man unter der römischen Herrschaft diese Prophezeiungen nur allzu politisch wahrnahm. Dass also ein Messias kommen würde, der die Römer wieder aus dem Land jagt und ihre Klientelkönige wie Herodes gleich mit.

Es argumentieren nicht wenige Forscher, dass der Ort der Geburt schlicht und ergreifend aus theologischen Gründen nach Bethlehem verlagert wurde. Denn, was auch gegen Bethlehem spricht, ist die Tatsache, dass in allen Evangelien immer nur von Jesus von Nazareth die Rede ist. Bei Johannes (7,41-42) stammt Jesus aus Nazareth. Trotzdem gibt diese Stelle die Meinung der Menge wieder, was ja nicht automatisch der

Wahrheit entsprechen muss. Und ebenso bei Johannes sagt ein gewisser Nathanael: „Kann aus Nazareth etwas Gutes kommen (1,46)?"
Historisch-kritisch ist die Frage nach dem Geburtsort Jesu nicht entscheidbar. Sicher ist aber, dass Jesus zumindest in Nazareth aufgewachsen ist. Ob aus Bethlehem oder doch aus Nazareth – am Wesentlichen ändert es aber zum Glück nichts.

Die Geburtskirche

„Naja", war mein erster Gedanke, als ich im Jahr 2008 zum ersten Mal die Geburtskirche in Bethlehem gesehen und betreten habe. Sie ist aber nun auch ein eigenartiges Gebilde: Das „Eingangsportal" ist mit 1,2 Metern so niedrig, dass sich die meisten Besucher beim Durchschreiten bücken müssen, da sonst alle Tore zugemauert worden sind. Das ist ja noch ein guter Gag, aber das Innere ist (wie das Äußere der Kirche) sagen wir mal „demütig". Vor allem wenn man vielleicht römische oder in Niederösterreich Melker Verhältnisse gewöhnt ist.

Zweifel überkommen mich massiv ob Jesus tatsächlich dort geboren sein soll, wo heute in der Grotte unter der Kirche der 14-zackige Stern liegt. Doch so unrealistisch mag es gar nicht sein, wenn man die Ereignisse des Lukasevangeliums zumindest als Geschichtsquelle heranziehen will. Da bereits unter Kaiser Hadrian eine erste Verehrung an jener Stelle, wo es einige Höhlen gab (was als Zufluchtsort des nächtens logisch erscheint) einsetzte, ließ dieser möglicherweise um dieser Jesusverehrung entgegenzuwirken im Jahr 135 an dieser Stelle einen Adonis-Tempel bauen. Sehr bald setzten große Pilgerströme ins Heilige Land und hier natürlich auch nach Bethlehem ab der ersten Hälfte des 4. Jahrhunderts, ein. Als Reaktion darauf wurden in Jerusalem und Bethlehem durch Kaiser Konstantin Neukirchen erbaut. Es ist durchaus im Bereich des Möglichen, dass dies ein gewisser Turbo für ein standardisiertes Weihnachtsfest gewesen sein könnte. Noch vor 335 unter Kaiser

Konstantin eingeweiht, liegt die Basilika zeitlich beim Weihnachtsgeschehen wenigstens halbwegs nahe. Aber auch zu weit weg um den exakten Ort genau wiedergeben zu können, selbst wenn (was wir auch annehmen dürfen) Konstantin die Kirche ja auch nicht irgendwo, wo in Bethlehem gerade Platz war hingestellt hat, sondern er auch wohl auf Traditionen der Überlieferung zurückgriff. Mittlerweile gehört die Kirche seit 2012 zum UNESCO-Weltkulturerbe, sie ist eine bunte Mixtur aus antiken, romanischen und byzantinischen Bauelementen. Hüter dieser Kirche sind griechisch-orthodoxe, katholische und armenische Mönche. Genauso wie in der Auferstehungskirche, als dem allerheiligsten Ort der Christenheit, kommt es auch hier immer wieder zu Schlägereien zwischen den Mönchen der unterschiedlichen Konfessionen, wenn es um Rang-Ansprüche und sogar Dekorationen geht.

Die Geburtskirche ist freilich ein besonderer Ort unter der einige Grotten liegen. Eine etwa ist dem heiligen Hieronymus gewidmet, der dort die Bibel ins Lateinische übersetzt haben soll (Vulgata). Darüber hinaus gibt es eine Grotte der unschuldigen Kinder und eine Josefskapelle, wichtigster Ort ist allerdings die Geburtsgrotte. Natürlich stellt sich die Frage, wozu eine Grotte, wenn Jesus in einem Stall geboren ist? Höhlen waren über Jahrtausende hinweg Aufenthaltsorte der Hirten.

WEIHNACHTEN LESEN

DIE EVANGELIEN

DIE EVANGELIEN

Weihnachten wie es im Buche steht

Da die Weihnachtsevangelien zu den bekanntesten Texten der Weltliteratur gehören, ist es klar, dass sehr, sehr viel von sehr, sehr gescheiten Leuten schon darüber geschrieben worden ist. Eine genaue Auslegung und Erklärung der einzelnen Verse würde eigene Bücher erfordern. Ich möchte es im Folgenden bei den Hintergründen und vor allem bei der generellen Aussageabsicht der Evangelien belassen.

Wollen wir Weihnachten feiern, wie es im Buche (also der Bibel) steht, „gereinigt" von allen nachbiblischen Bräuchen, dann sind wir relativ schnell fertig. Von vielen Dingen werden wir in den Evangelien nichts lesen: Christbäume, Adventkränze, ja nicht einmal von Ochsen und Eseln. Dafür wenigstens von Geschenken. In seinem Buch über die Kindheitsgeschichten Jesu meint Joseph Ratzinger, dass man das Leben nur vorwärts leben kann, aber verstehen tut man es nur rückwärts. Und genau so sind letztlich auch die Evangelien zu verstehen: Sie sind ja nicht gleich direkt im Anschluss an die Geburt geschrieben, sondern bis zu 80 Jahre später bzw. immer im Licht des Osterereignisses. Auf die vielleicht naheliegende Frage, woher die Evangelisten v. a. die Ereignisse rund um die Geburt nach so langer Zeit noch halbwegs verlässlich aufschreiben konnten, argumentiert Ratzinger mit einer weitergegebenen Familientradition.

Hier muss man auch etwas zur Intention der Evangelien sagen. Natürlich beschreiben sie ein reales historisches Geschehen und sind keine Fiktion. Aber die theologischen Aussagen waren den Autoren wichtiger als historisch möglichst korrekt zu sein. Die Evangelisten haben sicherlich nichts absichtlich verschwiegen oder zurechtgebogen oder gar verfälscht. Nur war ihnen eine größtmögliche Historizität eben nicht wichtig genug. Bevor wir nun aber zu sehr mit dem Zeigefinger auf diese Einstellung blicken, sollten wir unsere eigene Gesellschaft in den Blick nehmen. Jedem Historiker dreht sich der Magen um, wenn er Filme wie „Gladiator" oder Kleopatra-Darstellungen sieht oder Neuinterpretationen von Shakespeares „Julius Caesar" im Burgtheater. Aber diese (im weitesten Sinne) Kunstwerke wollen eben auch nicht eine historische Wahrheit möglichst detailgenau zur Ansicht bringen.

Andererseits bestätigt jeder Experte, dass der historische Gehalt der Evangelien (nicht zuletzt im Vergleich zu anderen Werken aus dieser Zeit) sehr hoch ist. Als Jesus tatsächlich geboren wurde, hat kein einziger Evangelist schon gelebt – ja es ist sogar die Frage, ob einer der Evangelisten Jesus überhaupt noch kennengelernt hat. Vermutlich waren sie eher Apostelschüler. Daher ist die Frage gerechtfertigt, woher die Evangelisten überhaupt ihre Informationen zu ihren Werken bekommen haben. Zu einem guten Teil werden dies wohl auch mündliche Quellen, wie etwa von Apostel bzw. Apostelschüler, gewesen sein. Aber v. a. Lukas und Matthäus greifen auch auf ältere schriftliche Quellen zurück – die bekannteste ist die Logienquelle Q.

Die vier Evangelisten haben unterschiedliche Zugänge zu Weihnachten:
- Markus hat gar keinen. Er berichtet ab der Taufe und nur über das öffentliche Wirken Jesu. Das Markusevangelium ist ja das älteste, es wurde am frühesten nach Jesu Leben niedergeschrieben. Vielleicht genau deshalb beginnt es auch am spätestens, es steigt direkt ohne lange zu fackeln in die Geschichte ein, bei Jesus, der als erwachsener Mann schon Nazareth verlassen hat und beginnt, öffentlich zu wirken. Recht viel ist da in Hinblick auf Weihnachten also nicht zu holen – höchstens vielleicht die Tatsache, dass von Josef im gesamten Evangelium keine Rede ist. Jesus ist stets der „Sohn der Maria".
- Johannes, der jüngste, betont die Herkunft Jesu aus dem Willen Gottes und der Ewigkeit. Sein berühmter Prolog („Im Anfang war das Wort") wird aber auch stets zu Weihnachten in der Kirche gelesen. Das war's dann aber auch schon mit der weihnachtlichen Pracht.

- Lukas berichtet uns am genauesten von der Geburt Jesu. Sein Evangelium ist auch der Klassiker an Heiligabend.
- Matthäus ist der zweite, der über die Geburt schreibenden Evangelisten. Er rückt dabei einerseits die Messiasankunft Jesu in den Blickpunkt und andererseits betont er die universelle Bedeutung dieses Geschehens. Nicht umsonst kommen bei ihm sogar Gäste aus dem Osten, die Magier.

LUKAS – DER GROSSE PROVOKATEUR

Die Geschichte des Lukas von Jesu Geburt ist ihm ganz eigen, d.h. man findet sie nur bei ihm und sonst in keinem Evangelium. In der Theologie spricht man vom „lukanischen Sondergut". Dieses Evangelium ist ein Werk der dritten Generation von Christen. Es beginnt nicht mit dem Weihnachtsgeschehen, sondern mit der Ankündigung der Geburt von Johannes dem Täufer (1,5-25) und danach mit der Ankündigung der Geburt Jesu durch den Erzengel Gabriel (1,26-38). Dieser wird zu einer jungen, unbekannten Frau nach Nazareth geschickt – einer Ortschaft, die bisher in der Bibel keine einzige Erwähnung erfahren hat. Eine unbekannte Frau aus offenkundig bescheidenen Verhältnissen in einem unbedeutenden Kaff – das kann wohl nur eines bedeuten: Gott liebt die Verborgenheit, die Dezenz.

JESUS UND JOHANNES

Lukas beginnt sein Evangelium mit einem Proömium – das ist ein Vorwort, wie es damals vor allem bei historischen Werken üblich war. Danach greift er zum Stilmittel der Synkrisis, also einem Vergleich und zwar zwischen Johannes und Jesus. Es gibt daher eine Geburtsankündigung bei beiden sowie „Kennenlernen" der Mütter bzw. der noch ungeborenen Kinder im Bauch. Die Umstände der Geburt beschreibt Lukas relativ genau. Die Kindheit Jesu ist, bei ihm aber als einzigen Evangelisten, erst beim 12-jährigen Jesus im Tempel von Jerusalem zu Ende. Ich möchte auch dies kurz erwähnen, da es gewissermaßen auch in den Kontext des klassischen Weihnachtsevangeliums gehört, aber daneben untergeht und kaum Beachtung findet.

DER TEMPEL

Für Juden war der Tempel der Ort der Gegenwart Gottes schlechthin. Genau deswegen sind ja die Zerstörung des ersten Tempels durch die (Neu)Babylonier und die des zweiten durch die Römer unter Titus einschneidende Katastrophen im jüdischen Leben, die sich ins kollektive Gedächtnis eingebrannt haben und literarisch eben auch in der Bibel ihren Niederschlag fanden.

Priester wie Johannes' Vater Zacharias galten als Mittler zwischen Gott und Volk. Jesus ist bei Lukas nun der neue Mittler, ja sogar der neue Tempel. Damit verliert der bisherige Tempel aber seine Bedeutung als Zentralkultort und kann nicht mehr allein selig machen. Diese Stellung wird ihm durch Jesus entzogen, zugunsten einer leibhaftigen Menschwerdung: Jesus ist der neue (Haupt)Ort von Gottes Gegenwart.

Bei Johannes beginnt die Verheißung im Tempel, die Geschichte bewegt sich aber danach mehr und mehr von diesem weg bzw. es spielt der Tempel dann gar keine Rolle mehr. Bei Jesus ist es eher umgekehrt. Er wird im Privaten und Profanen verheißen und geboren, erfährt aber dann später viele Tempelbezüge: Simeon und Hanna legen beim Tempel Zeugnis über Jesus ab, als 12-jähriger disputiert er mit den Gelehrten im Tempel. Und schließlich wird es die „Tempelreinigung" sein, die offizieller Grund für seine Hinrichtung ist.

Sehr geschickt zeigt uns Lukas im 1. Kapitel einen Vergleich von Jesus und Johannes. Es erübrigt sich zu betonen, dass Johannes dabei den

Kürzeren zieht bzw. Jesus als die Hauptperson eingeführt wird. Für Lukas ist klar, dass Jesus schon als Kind anders und größer als Johannes ist. Aber der Vergleich soll keine Konkurrenz zwischen den beiden heraufbeschwören, sondern trotz der Unterschiede das Gemeinsame, dass beide für das Richtige stehen, herausstreichen.

GEGENÜBERSTELLUNG: JESUS UND JOHANNES

	Jesus	Johannes
Eltern	Junge Mutter, unverheiratet	Verheiratet, alt, sehr gläubig, auch offizielle Priesterklasse, auch stammt die Mutter von Aaron ab, „hielten sich in allem streng an die Gebote und Vorschriften des Herrn"
Engelserscheinung durch Gabriel	Haus der Maria	Tempel
Reaktion auf die Verheißung	Bewusstes ja-Sagen, Ergebung in den Willen Gottes	Zweifel
Empfängnis	„Der Heilige Geist wird über dich kommen" bzw. durch „die Kraft des Höchsten"	Auf natürlichem Wege
Kind wird	„Heilig und Sohn Gottes genannt" werden	Wegbereiter für den Herrn, „Volk für den Herrn bereit zu Machen"

Besonderheit der Schwangerschaft	Kein natürlicher Vater	Hohes Alter, unfruchtbar
Ort der Geburt	Krippe in Bethlehem	Daheim in Jerusalem
Regierende zur Zeit der Geburt	Augustus, Quirinius (Römisches Weltreich)	„Zur Zeit des Herodes, des Königs von Judäa" (Klientelreich Judäa)
Gäste im Zuge der Geburt	Hirten und eventuell Engel	Nachbarn und Verwandte
Reaktion	„Rühmten Gott und priesen ihn für das, was sie gehört und gesehen hatten"	„Freuten sich mit ihr" und später nachdenklich: „Was wird wohl aus diesem Kind werden? Denn es war deutlich, dass die Hand des Herrn mit ihm war"
Künftige Rolle	Jesus ist der erwartete Messias und Retter. Er ist wichtig für die gesamte Welt.	Johannes ist sein Ankündiger, sein Herold. Er ist Prophet des Höchsten, wichtig für Israel.

Johannes kommt also in einem religiösen, ordentlichen (weil verheirateten) Haushalt zur Welt, bei dem wie üblich die Verwandten und Nachbarn gratulieren. Bei Jesus ist das radikal anders: unsichere Familienverhältnisse, eine junge, unerfahrene Frau, Geburt bei der Krippe und Hirten als Gratulanten. Es ist paradox, dass gerade in dieser (scheinbaren) Minderwertigkeit das Großartige und Besondere geschieht. Zwar ist die Schwangerschaft der Elisabet für die Zeitgenossen durchaus etwas Besonderes, aber die Ereignisse rund um die Geburt Jesu drehen alles um.

WEIHNACHTEN LESEN

Beim Besuch Marias bei Elisabet grüßt Maria zuerst, was logisch ist, da sie die Jüngere ist. Durch den Gruß bzw. die Stimme der Maria hüpfte Johannes im Bauch der Elisabet und diese war vom Heiligen Geist erfüllt. Vermutlich freut sich Johannes über den Besuch seines Cousins bzw. über die Ankunft des Messias. Elisabet bezeichnet Maria als Mutter ihres Herrn (Gott) und gesegneter als alle anderen Frauen.

DIE DANIELAPOKALYPSE

In der sogenannten Danielapokalypse (Daniel 7-12) ist davon die Rede, dass der Erzengel Gabriel Daniel prophezeit, dass die schlimme Zeit in genau „70 Jahrwoche" vorüber ist. Das sind 7x70 Jahre, also genau 490 Jahre. Dann wird Gott Gericht über die Welt halten, wodurch endlich Gerechtigkeit kommt und ein „Hochheiliges" gesalbt werden wird. Also kommt für Daniel der Messias (der „Gesalbte").

Bei Lukas sind es genau 490 Tage zwischen der Verheißung der Geburt des Täufers, also vom ersten Erscheinen des Engels, und der Ausrufung von Jesus als dem Messias im Jerusalemer Tempel durch den greisen Simeon. Ausgehend davon, dass das Buch des Propheten Daniel damals ein Klassiker und religiöse Pflichtlektüre war, war den meisten wohl klar: Lukas meint in Anspielung an Daniel damit, dass mit Jesus eine neue (und bessere) Zeit beginnt. Es erfüllt sich also durch Jesus, was Daniel einst verheißen hat.

DIE LUKANISCHE WEIHNACHTSGESCHICHTE – EINE PROVOKATION

Der Evangelist beginnt die eigentliche Geburtsgeschichte mit einem der größten Gestalten der Weltgeschichte, mit Kaiser Augustus. Lukas bettet die Geburt Jesu ganz bewusst in einen historischen Kontext ein.

Damit will er Jesus als wichtige historische Persönlichkeit ausweisen. Doch gerade dies zeigt vom absoluten Selbstbewusstsein dieser ersten Christen, die für Außenstehende seltsam anzumuten war. Nicht der mächtigste Mann der Welt, nämlich der Kaiser in Rom, sondern ein jüdisches Kind in der Krippe aus der kleine Ortschaft Bethlehem wird zum Retter. Dort der divinifizierte Princeps über das Imperium Romanum, hier der „Herrscher" aus dem Gottesreich – im Stall geboren, nicht einmal ein Haus wie bei Matthäus. Dort ist Rom, der Mittelpunkt der Welt, wohin alle Wege führen und hier tiefste Provinz. Somit wird auch gezeigt, dass selbst die größte weltliche Macht ihre Grenzen hat.

Augustus hat mehrmals die Tore des Janustempels geschlossen, was nur geschah, wenn im ganzen Reich (innerer) Friede herrschte. Augustus wurde also für viele Römer nicht ganz zu unrecht (man bedenke, dass mit ihm 100 Jahre des Bürgerkriegs endeten) als Friedensbringer angesehen. Dass Augustus die Tore auch wieder öffnen musste um sie mehrmals schließen zu können, wird freilich nirgends erwähnt. Lukas provoziert jene Leser, die mit diesem Augustusbild aufgewachsen sind, da er den Titel des wahren Friedensbringers dem Kind in der Krippe zuweist.

Ein Stall oder eine Krippe findet kein Vorbild in einem alttestamentlichen Messiastypos. Die Bedeutung erhält der Stall offenkundig aber nur bei Lukas, also unabhängig von irgendwelchen Prophezeiungen. Die Hirten finden eher noch eine Vorlage. Nicht zuletzt hatte auch David den gleichen Beruf, was in der Stadt Davids durchaus eine verstärkende Wirkung hat.

Aber das gerade die Hirten die Ersten sind die von der Geburt Christi erfahren, ist eine Provokation von Lukas. Über die Rolle der Hirten in der damaligen Gesellschaft wird noch zu sprechen sein. Aber darin zeigt sich auch Gottes Wohlwollen und Respekt vor den Armen. Übrigens ist dem Evangelisten Matthäus die Provokation auch nicht fremd: Bei ihm sind es drei Ausländer aus dem Osten die als erste zu Jesus kommen.

Die Engel bringen den Hirten zugleich die bis heute zentrale Botschaft des Weihnachtsfestes nämlich: „Heute ist euch in der Stadt Davids der Retter geboren, er ist der Messias, der Herr." Dieses „Heute" steht auch für das Ende eines langen Prozesses des Wartens und für die Erfüllung von Verheißungen. Für uns bedeutet es, dass Jesus durchaus auch hier und heute in der Gegenwart gewissermaßen geboren wird.

Die Bezeichnung des Retters (griechisch „Soter") ist in der damaligen Zeit ein durchaus gebräuchlicher Beiname für Herrscher. So wurde etwa der Stammvater der Ptolemaier-Dynastie Ptolemaios I. Soter (367/66–283/82 v. Chr.) so genannt. Wir wissen aus verschiedenen Quellen, dass Augustus als Friedensbringer gefeiert wurde, als Heiland und Retter. Aber nach Ansicht von Lukas steht dieser Titel einzig bzw. übertragen Jesus zu.

Doch dann die nächste Provokation: Die Engel sprechen von einem Zeichen dafür. Und das ist genau das Gegenteil dessen, was man sich unter einem politischen Messias erwarten kann. Ein politischer Befreier in einer Krippe, das ist ja ein richtiges Paradoxon. Spätere Weihnachtsevangelien (Evangelium ist ja auch eine gewisse Literaturgattung) ergänzen dies mit diversen Wunderereignissen während der Geburt. Lukas und auch Matthäus tun dies nicht, sie bleiben ganz bei der Schlichtheit der Geburt.

So romantisch und heimlich uns heute dieses Kind in der Krippe vorkommt und dargestellt wird, so war es für damalige Verhältnisse etwas nur schwer Fassbares, zu Verstehendes und Auszuhaltendes. Genauso wenig wie am Ende des Lebens ein Gott, der sich kreuzigen lässt und so den schändlichsten aller Tode stirbt. Das Spannende an der Geburt Jesu ist, dass sie nach Lukas natürlich ein einmaliger historischer Fakt war und trotzdem eben nicht einmalig bleiben wird, sondern „alle Jahre wieder" gefeiert wird bzw. die Geburt Christi sich nicht nur im Gedenken wiederholt.

Die Geschichte als Problem

Lukas ist in seinem Evangelium am Beginn um eine gewisse Geschichtlichkeit bemüht, d.h. er setzt das Evangelium ganz bewusst in ein historisches Setting und dies ist die Regierungszeit des römischen Kaisers Augustus (bis 14 n. Chr.) zur Zeit des Statthalters Quirinius. Ebenfalls eine historische Figur zur Zeit der Geburt ist Herodes.

Publius Sulpicius Quirinius war ein Aufsteiger unter Augustus. Er lebte wohl von 45 v. Chr. bis 21 n. Chr. Er schaffte es aus einer Familie, die noch keinen Senator hervorgebracht hatte aus dem kleinen Lanuvium in höchste Staatsehren. Denn irgendeinen Niemand darf man nicht in die Provinz Syrien setzen. Dort waren ganze vier Legionen stationiert, was nicht wundert, grenzt die Provinz doch an das Partherreich. Diese Parther stellten neben den Germanen über Jahrhunderte hindurch die größte Bedrohung für die Römer dar. Da Judäa zu Syrien gehörte war Quirinius auch zum Teil dafür zuständig. Denn ein gewisses Gebiet stand unter der Herrschaft eines Klientelkönigs namens Herodes.

Und hier stoßen wir aber historisch-kritisch schon auf die ersten Probleme: Herodes stirbt bereits 4 v. Chr. und Quirinius tritt sein Amt erst 6 n. Chr. an. Gleichzeitig legt die Bibel den Schluss nahe, dass Jesus bis zu dessen Tod möglicherweise schon 2 Jahre alt war

Auch das Eintragen in die Steuerlisten, also ein Zensus, ist für diese Zeit im gesamten Imperium, wie es der Evangelist nahe legt, nicht verbürgt. Der Zensus ist die Erfassung der römischen Bürger im gesamten Reich oder in einer bestimmten Provinz, um diese ordnungsgemäß zu besteuern. Einziges Problem in Bezug auf die Weihnachtsgeschichte: Dies galt eben für römische Bürger und nicht für Juden, die ohnehin offiziell unter Herrschaft eines eigenen Königs (Herodes) waren.

Nichstdestotrotz ist es nicht unwahrscheinlich, das Augustus auch in Judäa einen Zensus vornehmen ließ. Tatsächlich ließ Quirinius wohl eine Volkzählung durchführen und zwar für das Jahr 6 n. Chr. Dabei muss man allerdings auch wieder sagen, dass eine Eintragung am Familienstammort eher die Ausnahme als die Regel war.

Flavius Josephus schrieb als Jude zwischen 75 und 94 mehrere Werke über sein Volk, um diese den Römern etwas begreiflicher zu machen. Darin berichtet er von keinem bei Lukas genannten Zensus. Dem wird aber entgegnet, dass sich so ein Zensus wohl realistischerweise über mehrere Jahre hingezogen hat.

Matthäus – Auf zu den Heiden!

Der eigentliche Beginn

Wie Lukas, so beginnt auch Matthäus nicht gleich mit der Geburt Jesu, sondern schildert uns in 17 Versen einen Stammbaum, einen adäquaten Abstammungsnachweis Jesu. Damit wird die Abstammung Jesu mit seiner Herkunft in direktem Bezug zum Alten Testament gestellt.

Solche Stammbäume lesen sich unglaublich zäh und scheinen keinen Mehrwert zu haben. Dem ist aber ebenso wenig hier wie beim großen Stammbaum im Buch Genesis. Betrachtet man jene von Lukas und Matthäus genau, so gehen sie parallel von Abraham bis David. Hier haben sie die Chronologie aus Rut 4, 18-22 und 1 Chronik 2 vor Augen. Allerdings kommt es dann zum Bruch. Matthäus bleibt dem klassischen Stammbaum nach David über Salomon treu während Lukas abweicht. Matthäus orientiert sich also weiter am Alten Testament. Jesus ist bei Lukas ein Davidssohn, aber nicht Sohn Salomons. Früher hat man sich diese Unterschiede so zu erklären versucht, dass das eine Josefs und das andere Marias Genealogie sein sollte. Allerdings denke ich, dass dieser Widerspruch der beiden Stammbäume eine gezielte theologische Aussage, vor allem von Lukas, ist. Offensichtlich will er vermeiden, dass sich Jesu aus der Linie der Könige nach Salomo (die mehrheitlich Götzendiener waren) herleitet. Auf jeden Fall ist die Umgehung der Nachfolger Davids beabsichtigt. Und kein Zufallsprodukt.

Beim Matthäus-Stammbaum gibt es 3 mal 14 Generationen, einen von Abraham bis zu David, einen von David bis zur Babylonischen Gefangenschaft und einen von der Babylonischen Gefangenschaft bis zu Jesus. Und dreimal dürfen sie raten, wieviel der Zahlenwert des hebräischen Namens Davids ergibt? 14. Es sind allesamt Männer, aber immerhin sind sogar vier Frauen inkludiert. Wer dabei genau hinschaut, dem fällt auf, dass der Stammbaum natürlich über „Josef, den Mann Marias; von ihr wurde Jesus geboren" geht. Mit dieser dezenten Formulierung deutet Matthäus schon die Gottessohnschaft an, setzt Jesus aber (womöglich durch eine Art Adoption) in die Ahnenreihe Davids und Abrahams, denn eigentlich geht der patriachale Stammbaum ja zu Josef, d.h. rein biologisch ist Jesus gar nicht aus der Nachkommenschaft Davids, aus der ja einmal der Messias kommen soll. Jetzt kann man natürlich einwenden, dass eine Abstammung vom lieben Gott ja eindeutig besser ist als eine von König David, aber es ist wohl eher so, dass Josef als zwar nicht leiblicher, aber juristischer Vater Jesu seine Abstammung auch auf seinen Sohn, also auf Jesus überträgt. Durch die Namensgebung „adoptiert" Josef diesen Sohn als seinen eigenen sowie akzeptiert und legitimiert auch die Mutterschaft Maries.

„Aber du, Bethlehem"

Im Hintergrund steht bei beiden, Lukas und Matthäus, Micha 5,1:
„Aber du, Bethlehem-Efrata, so klein unter den Gauen Judas, aus dir wird mir einer hervorgehen, / der über Israel herrschen soll. Sein Ursprung liegt in ferner Vorzeit, / in längst vergangenen Tagen."
Weiter heißt es (2-5): „Darum gibt der Herr sie preis, bis die Gebärende einen Sohn geboren hat. Dann wird der Rest seiner Brüder heimkehren / zu den Söhnen Israels. Er wird auftreten und ihr Hirt sein in der Kraft des Herrn, im hohen Namen Jahwes, seines Gottes. Sie werden in

Sicherheit leben; denn nun reicht seine Macht / bis an die Grenzen der Erde. Und er wird der Friede sein. [Wenn Assur in unser Land einfällt und in unsere Paläste eindringt, stellen wir ihm sieben Hirten entgegen / und acht fürstliche Männer. Sie werden das Land Assur mit dem Schwert regieren, Nimrods Land mit gezückter Waffe.] Er wird uns vor Assur retten, wenn es unser Land überfällt und in unser Gebiet eindringt."

Matthäus zitiert diese Stelle in 2,6 sogar, Lukas zitiert sie nicht, aber sie ist im Hintergrund omnipräsent. Bekanntlich gibt es die Volkszählung durch Augustus ja (böse formuliert) als Vorwand um Josef, Maria und Jesus nach Bethlehem zu bringen. Denn genau aus Bethlehem soll ja der künftige Herrscher kommen.

Diese Prophezeiung von Micha entstand 700 Jahre vor der Geburt Christi und wird gerne als Prophezeiung des Messias hergenommen. Liest man das ganze Buch Micha so nimmt man wahr, dass dieser grundsätzlich Untergang und Verderben vorhergesagt hat, da die Armen von den Mächtigen mehr und mehr ausgebeutet werden. Allerdings lässt es Micha nicht bei diesen Androhungen, sondern macht auch Prophezeiungen des Heils und des Friedens für die Zukunft. Dies wird geschehen, wenn der Messias kommt. Gerade die Evangelisten bemühen sich ähnlich wie bei der Jesaja-Prophezeiung diesen Verweis auf Jesus zu beziehen.

Schon bei der Anrede in Micha „du aber Bethlehem" lässt sich eine Ablöse der Jerusalemer Königsherrschaft erkennen. Für Lukas ist klar, dass man um den künftigen Herrscher zu sehen, bis zu David zurückgehen muss, aber nicht bis zu Dynastie des Davids, die er außen vorlässt lässt. Es geht um einen echten Neubeginn und er geht dabei direkt zur Quelle. Die alte Dynastie muss Platz machen für eine Neugründung direkt aus David. Das ist für Lukas die Realisierung der Messiasidee von Micha 5,1. Und das ist wohl auch der Grund warum die Stammbäume gerade hier so weit auseinandergehen.

DIE ROLLE DER HEIDEN

Die eigentliche Geburt wird bei Matthäus nicht erzählt, sondern quasi vorausgesetzt. Matthäus verharrt auch nicht lange in der Geschichte, sondern erzählt sehr schnell, denn gleich nach der Geburt gibt es die Huldigung der Sterndeuter und sehr schnell danach die Flucht von Bethlehem nach Ägypten, bis man schließlich wieder in Nazareth landet. es ist viel Bewegung bei Matthäus drinnen.

Gerade bei Matthäus muss man sich die Hintergründe des Evangeliums klarmachen. Vermutlich lässt sich sogar sagen, dass wir mehr über die Gemeinde-Situation zum Zeitpunkt der Abfassung des Evangeliums (also zwischen 80 und 90) erfahren, alles über die Ereignisse der Geburt selbst. Matthäus geht es in der Weihnachtsgeschichte und in seinem gesamten Evangelium wesentlich um die Frage der Mission. Die frühchristliche Gemeinde hat sich bereits von den jüdischen Synagogen abgegrenzt und erfreute sich durchaus großer Beliebtheit. Dies wirft natürlich die Frage auf: Wie geht man mit Heiden um? Missioniert man diese auch? Ist es überhaupt im Sinne Jesu sich den Heiden zuzuwen-

*Der Kindermord von Bethlehem wurde in der Kunstgeschichte oft und grausig dargestellt.
Hier von Francesco di Giorgio Martini im Dom von Siena*

den? Wenn man diese schon aufnimmt, stellt sich weiters die Frage, inwiefern sich diese dann den jüdischen Riten und dem jüdischen Glauben unterwerfen müssen. Und auf welche jüdischen Gesetze kann man da verzichten bzw. welche neu interpretieren? Bei dieser sicherlich schwierigen Frage hat Matthäus eine klare Position, die er wie eine Klammer um sein Evangelium setzt: Denn es beginnt mit dem Stammbaum, der auch schon etliche Bezüge zu Heiden hat. So ist David der Vater Salomos, „dessen Mutter die Frau des Urija war". Nun wissen damals wie heute bibelkundige Menschen, dass damit nur Batseba gemeint sein kann, es wird aber dezidiert der Hethiter (und damit Heide) Urija genannt.

Die Sterndeuter sind ebenso Heiden aus dem Osten – sie erkennen Jesus als jenen der er ist, auch der Hauptmann von Kapernaum ist als Römer ein Heide. Und ebenso wie der Stammbaum der Beginn ist, ist der Auftrag Jesu zu allen Völkern zu gehen das Ende des Evangeliums.

Herodes: Bei Matthäus der Buhmann

Bei Lukas wird Herodes nur als König Judäas bei der Geburtsgeschichte von Johannes erwähnt. Seinen überwiegend negativen Ruf verdankt er also Matthäus. Hier erhält er Besuch von den Magiern und befiehlt darauf hin, die Ermordung aller Jungen bis zu 2 Jahren in Bethlehem. Er war ein Idumäer (im Alten Testament Edomiter) mit einer Nabatäerin als Mutter aus dem Süden Israels, aus dem Haus der Hasmonäer, also eigentlich ein Ausländer. Seine Beliebtheitswerte müssen sich in Israel alleine deswegen schon in Grenzen gehalten haben. Tatsächlich konnte er als solcher auch von religiöser Seite her nicht wirklich anerkannt werden – umso größer (und verständlicher?) war sein Misstrauen gegen einen Messias, also einen religiösen Heilsbringer.

Herodes wurde durch das (zweite) Triumvirat aus Octavian, Marcus Antonius und Lepidus als König von Jerusalem legitimiert und blieb ein Vasallenkönig, der nicht großartig eigenständig regieren konnte. Dass er stets bedacht war, es den Römern recht zu machen und dabei ein großes Maß an Despotie entwickelte, verstärkte seine Beliebtheit nicht gerade. Seine Herrschaft war also immer auf der Kippe und doch hat er stolze 35 Jahre lang regiert. Dabei entwickelte er in dieser Zeit eine ausgeprägte Paranoia. Mariamne, seine zweite Frau, sowie deren beiden Brüder fielen dieser Paranoia ebenso zum Opfer wie drei seiner Söhne (mit Billigung des Kaisers Augustus). Auch bei der Machtergreifung zeigte er sich erwiesenermaßen als sehr skrupellos. Machterhalt über alles.

Wenigstens den in der Bibel beschriebenen Kindermord hat er in diesem Ausmaß nicht befohlen. Als zehnmalig verheirateter Ehemann, der aber mehrere seiner Söhne aus Angst um seine Macht umbringen ließ, hinterlässt Herodes einen gewissen Beigeschmack, auf den sich Matthäus allzu gerne draufsetzt und mit dem Kindermord ergänzt. Zu seiner Ehrenrettung sei allerdings gesagt, dass er eine umfangreiche Bautätigkeit entfaltete und das stets verhaltensauffällige Judäa, wenn auch mit Gewalt, stabilisierte.

Die Magier glaubten wohl, dass Herodes erneut ein Sohn geschenkt worden ist, darum ziehen sie zu diesem. Am Hof weiß aber keiner etwas davon, für die herbeigerufenen Schriftgelehrten gab es auf diese Überraschung nur eine halbwegs plausible Antwort: das biblische Buch Micha. Für die Evangelisten besteht kein Zweifel, dass das im Alten Testament prophezeite Heil in Jesus Wirklichkeit geworden ist. Doch die Reaktion des Herodes auf den Bericht der Sterndeuter spricht nämlich auch Bände: Herodes offenbart sich als Machtmensch, der listig nach möglichen Widersachern spionieren lässt.

Der Messias

Der Messias auf Deutsch ist „Der Gesalbte", auf Griechisch übrigens „Christos" bzw. „Christus" auf Lateinisch. Dementsprechend lässt sich das weitverbreitete Missverständnis widerlegen, dass Christus eine Art „Nachname" von Jesus war. In Wahrheit ist es eine Art Titel. In Jesu Nachfolge dürfen wir uns als Christen somit als „Die Gesalbten" bezeichnen und fühlen. Und gesalbt wurden früher vor allem Könige.

Die Messias-Erwartung gab es in Israel schon lange und war gerade zur Zeitenwende als man unter römischer (Fremd)Herrschaft war, sehr groß. So überrascht es nicht, dass es gerade zur Zeit Jesu die verschiedensten Messiasse gab. Grundsätzlich wurde dieser Messias damals mehrheitlich als politisch-militärischer Befreier gesehen, an einen spirituellen Befreier, dessen Königreich eben nicht von dieser Welt wäre, dachten damals die Wenigsten. Zum Kampf gegen Rom wird Jesus ja dann auch niemals aufrufen, was sicherlich einige enttäuscht hat.

Weissagungen eines endzeitlichen Heilsbringers gibt es viele. Die bekanntesten sind:

- Jesaja 9,1-6 („Das Volk, dass im Dunkeln lebt, sieht ein helles Licht")
- Jesaja 11,1-10 („Doch aus dem Baumstumpf Isais wächst ein Reis her vor, ein junger Trieb aus seinen Wurzeln bringt Frucht")
- Ezechiel 34,23 („Ich setze für sie einen einzigen Hirten ein, der sie auf die Weide führt, meinen Knecht David")
- Ezechiel 34,24 („Mein Knecht David wird ihr König sein und sie werden alle einen einzigen Hirten haben")
- Micha 5,1-5
- Sacharja 9,9 („Juble laut, Tochter Zion! Jauchze, Tochter Jerusalem! Sieh, dein König kommt zu dir. Er ist gerecht und hilft; er ist demütig und reitet auf einem Esel, auf einem Fohlen, dem Jungen einer Eselin")

SOHN DAVIDS

In vielen Prophezeiungen ist immer wieder von David die Rede bzw. vom Sohn Davids. Nicht zuletzt das wunderbare Weihnachtslied „Es ist ein Ros entsprungen" hat dies zur Vorlage. Isais ist der Vater Davids und Jesus, der in den ersten drei Evangelien gerne als „Sohn Davids" bezeichnet wird, ist Nachfahre des Königs, denn Maria ist die Rose, die aus dem Reis Isais entsprungen ist.

Der Messias sollte also vor allem ein Nachfahre des König David sein. Unter David und dann unter seinem Sohn Salomo war das Königreich Israel wohl zum einzigen Mal in seiner Geschichte ein funktionierendes, unabhängiges, geeintes und durchaus mächtiges Regionalreich, darum überrascht es nicht, dass die Person und Regentschaft des Davids später massiv glorifiziert worden ist.

Aber man braucht sich nur die beiden Samuel-Bücher durchzulesen um zu erkennen, dass der gute König David auch so seine Schattenseiten hatte. Wenn der Messias also aus dem davidischen Geschlecht sein sollte, so musste Bethlehem, die Stadt Davids, auch der Geburtsort des Messias sein.

Wie sich später zeigen wird, war es für vielen Juden nicht möglich in Jesus den Messias zu sehen. Dass er als Armer und Hilfloser zur Welt kam und auch ohne politischen Einfluss und Macht lebte, war schon eine Zumutung. Aber vor allem stößt man sich (teilweise bis heute) an der Tatsache, dass dieser Jesus am Kreuz – den schändlichsten aller Tode – gestorben ist, was ja nur Verbrechern vorbehalten war.

Eine römische Prophezeiung

In den 40er Jahren v. Chr. schreibt Vergil seine Hirtengedichte, womit er sich an die Spitze der Literatur katapultiert, zu dem Dichter Roms wird. In der vierten Ekloge schreibt er über die Geburt eines Kindes durch eine Jungfrau vom Himmel. Mit diesem Kind, einem Nachkommen Jupiters, kommt es zu einem goldenen/saturnischen Zeitalter. Ziemlich sicher handelt es sich dabei um eine Personifikation des goldenen Zeitalters während der Kaiserzeit und bei der Jungfrau um die Göttin Justitia. Aber wegen dieser Ekloge galt Vergil im Mittelalter (etwa bei Lactantius) als heidnischer Prophet. Der logos spermaticos, eine keimhafte Andeutung in der heidnischen Literatur auf das Kommen von Christus, lässt hier aber eine gewisse Christussehnsucht erkennen.

Ein kleiner Vergleich

Ein gemeinsames großes Weihnachtsevangelium zusammenzustellen ist leider unmöglich, da es offensichtlich wenige Gemeinsamkeiten zwischen Matthäus und Lukas, aber viele Unterschiede, gibt. Immerhin sind wenigstens die Protagonisten dieselben. Nämlich Jesus, Maria und Josef sowie Herodes, in dessen Zeit das Ganze abläuft. Dass die Geburt in Bethlehem stattfindet, kann man auch als Gemeinsamkeit verbuchen, allerdings ist bei Matthäus Bethlehem Wohnort der Familie bzw.

schreibt er später, dass sich die Familie nach dem Ägyptenaufenthalt in Nazareth niederließ. Bei Lukas müssen Maria und Josef bekanntlich aufgrund der Volkszählung nach Bethlehem ziehen. Und dass Maria eine Jungfrau war, haben auch beide noch gemein.

Die Unterschiede hingegen überwiegen: Von Johannes dem Täufer hören wir bei Matthäus gar nichts, denn dieser beginnt ja mit dem Stammbaum. Diesen holt Lukas übrigens im dritten Kapitel nach, allerdings ziemlich unterschiedlich zu Matthäus.

Auch wer zuerst beim Neugeborenen war, ist anders: Bei Lukas kommen zuerst die Hirten, bei Matthäus die Magier – die jeweils anderen Gäste erwähnen sie nicht. Auch die Rolle der Protagonisten ist unterschiedlich, denn bei Matthäus ist Josef deutlich aktiver zumal er regelmäßig träumt und dann richtig handelt, während Josef bei Lukas in den Hintergrund tritt und es hier Maria ist, die im Mittelpunkt der Geschichte steht. Dementsprechend finden wir dann natürlich auch keine Verkündigung an Maria bei Matthäus, der aber den Kindermord erwähnt, von dem Lukas wiederum nichts weiß. Daher wandert die heilige Familie bei Lukas auch nicht nach Ägypten.

Pfu, wie geht man nun mit dieser Diskrepanz um? Die Frage nach der historischen Wahrheit ist legitim. Welches der Evangelien ist nun im Irrtum? Oder sind beide nur ein bisschen richtig? Tatsache ist vermutlich, dass sich die Geburt wohl nicht so wie in einem der beiden Evangelien abgespielt hat.

Alleine schon die Frage der Datierung stellt uns vor unüberbrückbare Probleme: Folgen wir nur Lukas, so wird Jesus wie Johannes der Täufer unter der Herrschaft des Herodes zumindest empfangen. Das heißt, Jesus ist spätestens 4 v. Chr. geboren worden. Dies deckt sich dann mit der Erwähnung von Lukas, dass dieser unter der Herrschaft des Augustus geboren ist, der bis 14 n. Chr. regierte. Die Sache mit Quirinius macht es sehr schwierig, da dieser erst ab 6 n. Chr. das Amt antrat. Und hier war Herodes offensichtlich schon 10 Jahre lang tot. Klammern wir Herodes aus und folgen nur den römischen Angaben so wird Jesus irgendwann zwischen 6 und 14 n. Chr. geboren worden sein.

Betrachten wir Matthäus so ist auch hier Jesus unter Herodes geboren. Leider ist uns der Hinweis auf den Kindermord keine weitere Hilfe, da dieser sonst nirgends erwähnt wird. Am ehesten hilft uns noch der Stern von Bethlehem, womit Jesus dann möglicherweise zwischen 7 und 4 v. Chr. geboren worden sein kann.

Hier sieht man, dass eine Vermischung der beiden Evangelien mehr historische Unruhe schafft als Gewissheit.

Wer erwähnt was?

	Lukas	Matthäus
Krippe	✔	✘
Stall	✘	✘
Hirten	✔	✘
Augustus	✔	✘
Herodes	✔	✔
Sterndeuter	✘	✔
Bethlehem	✔	✔

Wie geht man nun mit all diesen Widersprüchen um? Es wird Lukas sicherlich nicht gerecht, wenn man die Historizität völlig ausklammert, wiewohl es weder Matthäus noch Lukas um eine historische Chronologie geht. Wir sollten vielmehr beachten, dass die beiden Evangelien frühestens im Jahr 80 niedergeschrieben wurden. Es liegt also über ein halbes Jahrhundert zwischen der Verschriftlichung und dem Leben Jesu. Darüber hinaus war es auch nicht unüblich, dass mehrere historische Personen und Ereignisse zusammengelegt wurden und trotzdem ein

*Die Bibel ist das meistgelesene, meistverkaufte, meistübersetzte, meistdiskutierte und meistkommentierte Buch der Welt.
Kein Wunder, dass eindeutige Antworten oft schwierig sind.*

historischer Anspruch aufrecht bleibt. So bezeichnet etwa auch der Verfasser des Buches Judith den Nebukadnezar als in Ninive residierenden Assyrerkönig, was historisch doppelt falsch ist, da Ninive von Nebukadnezars Vater bereits zerstört worden ist und Nebukadnezar selbst von 604–562 neubabylonischer König war. Dies ist in etwa so als würde ich Napoleon als englischen König bezeichnen. Aber hier (und in den Evangelien) ist das keine Schlampigkeit, sondern es geht eben um die Aussagen: Beim Juditbuch gilt Nebukadnezar als Personifizierung jener beiden Reiche (Assyrien und Babylonien), die Israel den meisten Schaden zufügten.

Wie gesagt: Bei Evangelien sollten wir nie vergessen, dass diese Literaturgattung keine historische Chronik sein will, die eins zu eins wieder gibt was tatsächlich war. Ein Evangelium hat immer auch Adressaten und das sind die damaligen Gemeinden. Was also die Einzelheiten des Evangeliums betrifft, so gibt es von der Einordnung in die Geschichte her also einige Probleme, aber die wesentlichen Inhalte der Weihnachtsgeschichte bleiben glaubhaft.

WEIHNACHTEN LESEN

WEIHNACHTEN FEIERN

DIE VERSCHIEDENEN FEIERFORMEN

DIE VERSCHIEDENEN FEIERFORMEN

Der eigentliche Feiergrund

Blosse Dekoration oder sinnvoll?

Es gibt wohl kein Fest weltweit, dass so stark Religion, Brauchtum, Wirtschaft und Stimmung miteinander verbindet wie Weihnachten. Dass der eigentlich Sinn von Weihnachten mehr und mehr verloren geht, ist offensichtlich. Allein schon die Tatsache, dass Weihnachten zum Familienfest, Lichterfest, Geschenkefest oder Besuchsmarathonfest geworden ist, lassen erkennen, dass sich hier eine Eigendynamik entwickelt hat. Diese muss nicht automatisch schlecht oder verwerflich sein. Wann kommen etwa alle Familienmitglieder schon mal zusammen, um gemeinsam zumindest zu essen und zu reden?

Möglichkeiten zum Feiern finden wir in der Zeit rund um Weihnachten, vor allem aber in der Adventszeit mehr als uns oft lieb ist. Von einer Nikolausfeier bis zur Firmenweihnachtsfeier (oder manchmal politisch pseudokorrekt „Jahresabschlussfeier" genannt – wenngleich Weihnachtsfeiern mit Weihnachten ja auch nicht allzu viel zu tun haben) oder der Besuch eines Adventmarkts bis zum Krampuskränzchen und so weiter.

Feiern sind ja generell etwas enorm Wichtiges, da sie eine Unterbrechung des üblichen Alltages darstellen und eine Sinnstiftung ermöglichen. Allerdings kommt es mir heute mehr als früher vor, dass sämtliche Feiern letztendlich austauschbar geworden sind. Es wird versucht, mit Alkohol oder Musik eine gewisse Stimmung zu erzeugen. Das eigentlich zu Feiernde bleibt meistens auf der Strecke. Das hat zufolge, dass eben die meisten Feiern zum Verwechseln ähnlich geworden sind und sich vom Event nicht mehr unterscheiden. Und genauso entsteht aber letztlich auch dieses Vakuum in unserer Seele, diese Sehnsucht, die so viel Menschen, gerade in der Weihnachtszeit haben. Dies bedeutet, eben für diese Zeit wirklich dem Religiösen genügend Raum zu geben, auch wenn Weihnachten mehr und mehr die Rolle eines unreligiösen Familienfestes eingenommen hat. Dieses ist es aber eigentlich gar nicht. Natürlich soll man es mit der Familie, wenn möglich, feiern, aber eben mit dem ursprünglichen Sinn, nämlich dem eines Geburtstagsfestes. Indem man Jesus und die Menschwerdung Gottes in den Mittelpunkt stellt. Oder um mit Karl Rahner zu sprechen: „Alles andere als die Geburt Christi an diesem Fest stirbt oder wird zu Illusion." Ich behaupte daher voll Überzeugung, dass man den Anlass des Festes wieder verstärkt ins Bewusstsein bringen muss. Das ist die beste Prävention gegen ein „sinnloses" Fest.

Selbst die kitschlosesten Weihnachten nur mit Kerzenschein ganz ohne Lametta, LED und Lachsbrötchen sind nicht automatisch über Oberflächlichkeit erhaben. Letztendlich sind all die schönen Weihnachtsutensilien vom Baum bis zum Adventskranz und sogar die Geschenke nur Symbole für das Ereignis und die Freude über die Geburt Jesu. Eigentlich vollzieht sich hier ein (symbolisches) Erdbeben, das gar nicht so besinnlich ist, wie man annimmt. Dass Gott Mensch wird, ist das wohl Ungeheuerlichste, dass sich jemals ein Gott in der Geschichte ausgedacht hat.

Letztendlich schenkt sich Gott uns ganz hin, dass wir aus unserer Beschränktheit herauskommen und auch den Tod nicht mehr zu fürchten brauchen.

Über unsere Sehnsucht

Versuchen sie mal in der Zeit kurz vor Weihnachten einen Sitzplatz im Zug raus aus Wien zu bekommen. Die Autobahnen sind auch alle voll und Flüge ausgebucht. Das alles spiegelt natürlich auch immer eine gewisse Sehnsucht wider. Vielleicht ist es weniger eine Sehnsucht nach dem gemeinsamen Familien- und Geschenkefest, sondern vielmehr nach der Nähe Gottes, die uns Weihnachten so offensichtlich macht.

Nun ist Weihnachten sogar mehr als ein Geburtstagsfest Jesu, das nicht nur die Tatsache, dass dieser geboren ist feiert, sondern eben auch dieses Glaubensbekenntnis, dass Gott selbst durch Maria geboren worden ist. Warum Gott nun Mensch geworden ist, ist eine viel diskutierte Frage. Nach Augustinus hat auch Gott Sehnsucht nach dem Menschen. Dass der Mensch Sehnsucht nach Gott hat, ist meiner Meinung nach eine Tatsache. Der Wunsch nach etwas Höherem, die Sehnsucht nach etwas Größerem als uns selbst, ist in jedem Menschen (wenn auch unterschiedlich und manchmal verschüttet) gegeben.

Genauso wie die Sehnsucht nach Frieden und Liebe, die in Weihnachten noch einmal so richtig aktuell wird.

Allzu gerne wird schon die Vorweihnachtszeit mit allerlei Negativem versehen: aufdringliche Weihnachtsmusik, kitschige Schaufenster, Lebkuchen im Supermarkt im September, hektisches Treiben, usw. Einmal hatten wir eine diözesane Sitzung und eine Teilnehmerin bekritelte lautstark, dass es sich nicht gehöre, wenige Tage vor dem 1. Advent bereits Weihnachtskekse aufzutischen. Selbstverständlich kann man da einstimmen und findet gewiss viele Gleichgesinnte. ABER …

Natürlich erscheint dieser ganze Weihnachtskitsch absurd bis unerträglich. Aber dahinter verbirgt sich auch eine gewisse Sehnsucht nach Harmonie, Frieden und vor allem Gemeinschaft. Menschen haben einfach das Bedürfnis Zeit miteinander zu verbringen und Weihnachten ist dafür ein Sinnbild ersten Ranges geworden – auch abseits des ganzen Kommerzes und Kitsches.

Neben dem Wunsch nach Spiritualität ist das aber auch ein Grund dafür, warum zu Weihnachten (und hier vor allem am 24.) die Kirchen landauf, landab voller sind als sonst.

Die ganzen Sehnsüchte, die bei Weihnachten stärker als bei jedem anderen Fest mitschwingen haben wohl auch etwas Theologisches an sich: Denn mit Weihnachten beginnt die Heimkehr des Menschen. Als Christen deuten wir die Geschichten vom Alten Testament bis zur Geburt Christi auch ein wenig als Vorbereitung, als Hinzielen auf Jesus. Und mit Weihnachten wird die Gott-Mensch-Beziehung auf eine neue Stufe gehoben. In Bethlehem beginnt der Heimweg der Menschen, hin zu Gott.

Vom Zauber der früheren Tage

Wenn früher alles besser war ... dann empfiehlt es sich alte Weihnachtsfotos aus früheren Zeiten zur Hand zu nehmen und so in Erinnerungen zu schwelgen. So kommen Nostalgie und vielleicht sogar Vorfreude auf das diesjährige Fest auf. Wenn Weihnachten früher schöner, besser und besinnlicher war: Warum machen wir es dann nicht mehr so wie früher?

Weihnachten war früher genauso wie der Advent, auf jeden Fall eine ruhige und stille Angelegenheit, was aber vor allem an unseren eigenen Lebensumständen liegt. Denn unser Leben war vor etwa 20 oder 30 Jahren noch völlig anders als heute. Trotzdem sollte man nicht automatisch der Pseudoromantik anheimfallen, dass früher deswegen automatisch alles besser war. Warum war früher alles besser? Wir selbst waren jung, eingebettet in eine Welt aus Ritualen und Gewohnheiten, hoffentlich ohne jene Sorgen, die uns heute so den Kopf zerbrechen lassen. Aber wollen wir wirklich tauschen? Weihnachten ohne Internet, ohne Amazon-Bestellungen, ohne Handy? Ruhiger und stiller wäre es sicherlich, aber ob wir gut in der heutigen Zeit überleben könnten, wage ich doch etwas zu bezweifeln.

Eines ist zumindest fix: Durch die Einkommensverhältnisse fiel die Geschenkeflut damals nicht annähernd so üppig aus. Vor allem aber waren unsere fünf Sinne noch wesentlich leichter zu beeindrucken als heute, in einer Zeit, in der wir ständigen äußeren Reizen ausgesetzt sind. Man kann es zusammenfassen: Früher gab es weniger und das vor allem nicht gleich, sondern später.

    Vielleicht liegt die Tatsache, dass früher alles besser war, auch daran, dass wir früher schlicht und ergreifend mehr Verzicht üben mussten. Die Adventszeit war ja nichts anderes als eine Fastenzeit und so war es in manchen Haushalten üblich, dass es Kekse und Punsch, die beide heute omnipräsent sind, erst an Heiligabend gab.

    Der Advent war freilich dunkel und aufgrund seiner religiösen Ausrichtung mit seinen Bräuchen auch meditativer und mystischer. Wer heute auf sein Innerstes etwas hört, entdeckt gerade hier verstärkt das Bedürfnis nach etwas Winterruhe. Eine mit Schnee bedeckte Landschaft kann als Ermutigung dienen: Sich Langsamkeit zugestehen, Energie sparen, vielleicht auch Muße erfahren. Und die Dunkelheit ist eine Chance für das Innsichgehen, für die Ruhe. Aber vor allem um einen neuen und genaueren Blick auf alles Lichte in unserem Leben zu werfen.

Stellen Sie sich selbst ein paar Fragen:
- Welche Auswirkungen hat Weihnachten auf mich?
- Auf mein zu Hause?
- Auf das Leben im Ort oder in der Stadt?
- Was verändert sich?
- Was macht das mit uns?
- Wie verändern sich Berichterstattungen und Anzeigen in den Medien?
- Was ist mir um diese Zeit herum besonders wichtig?

MIT WEM FEIERN?

ALLEINE FEIERN

Weihnachten kann man nicht vermeiden, selbst wenn man es will. Es gibt keinen Tag / Abend im ganzen Jahr an dem es so schmerzt alleine zu sein wie an Heiligabend. Auch Silvester oder die Osternacht können da nicht mithalten. Es beschäftigt viele alleinstehende Menschen schon lange vor der eigentlichen Weihnachtszeit, wie sie den Heiligabend begehen bzw. überstehen. Dies rührt vor allem daher, dass Weihnachten mit gewaltigen Erwartungen einhergeht. Diese werden uns zu einem guten Teil gesellschaftlich und medial durch Filme vorgegeben. So wird das Fest, das ohnehin meistens mit sehr positiven Kindheitserinnerungen konnotiert wird, zusätzlich emotionalisiert. Die Sehnsucht ist riesengroß, nicht zuletzt wegen der Erinnerungen an die vergangenen Weihnachtsfeste.

Auf der einen Seite gilt Weihnachten als überhöhtes Fest der Glückseeligkeit, dass man mit Familie in trauter Stimmung verbringt. Auf der anderen Seite gibt es viele Menschen, die das Fest abseits von Familienglückseeligkeit, Geschenken und alten Traditionen verbringen müssen. Für alleinstehende Menschen beginnt es schon im Advent und steigert sich an Heiligabend bis zum 26.12.: harte Tage, die am besten so schnell wie möglich vorbeigehen.

Besonders hart wird Weihnachten, wenn es das erste Mal ist, dass man alleine „feiert", da der Partner vor kurzem verstorben ist oder man sich getrennt hat. Hier ist es für die eigene Psychohygiene wichtig, nicht den gesellschaftlichen Normen und Erwartungen nachzugeben und krampfhaft fröhlich sein zu müssen. Entscheidend ist in solchen Lebensphasen, in sich hineinzuhören und dem nachzugehen, das einem guttut. Und wenn man um 20 Uhr schlafen gehen möchte, dann ist das auch gut.

Wichtig ist: Man ist kein Verlierer, wenn man alleine feiert. Das oft kolportierte „Fest der Familie" setzt aber all jene unter Druck, die nicht mit ihrer Familie feiern können oder wollen. Dies rührt wohl daher, dass man in besonderen Zeiten mit besonderen Menschen (und das ist eben die Familie) zusammen sein will und das möglichst liebevoll und friedlich.

Nicht zuletzt in Gefängnissen ist Weihnachten ein großes Thema. Vor allem das Nichterleben des Jahresfestkreises, des Rhythmus der Zeiten wird als sehr schwierig erlebt. Für viele Insassen besteht der Wunsch, dass die Weihnachtsfeiertage so schnell wie möglich vergehen. Denn durch das Stillstehen der meisten Tätigkeiten und Betriebe ist man noch mehr zum Nichtstun oder Innehalten verurteilt. Kurz vor den Feiertagen steigt daher die Tablettenbestellung enorm. Nicht wenige Häftlinge wollen sich am liebsten betäuben oder die Tage im Dämmerzustand verbringen, weil sie es kaum aushalten.

Am schwersten ist es für Häftlinge, die Kinder außerhalb der Haftanstalt haben. Das Schuldgefühl ist enorm, dass man seinen Kindern bestenfalls einen Brief schreiben kann.

Es sind etwa 10 % aller Österreicher die Weihnachten einsam verbringen – das sind über 700.000 Erwachsene. Daher überrascht es nicht, dass die Telefonseelsorge in dieser Zeit Hochbetrieb hat. Dabei sind die Themen, mit denen sich Menschen an die Telefonseelsorge wenden, keine anderen als sonst im Jahr, allerdings ist die Emotionalität und damit die Intensität eine deutlich andere. Vor allem der Verlust von geliebten Menschen wird in der Weihnachtszeit am stärksten empfunden. Und wir müssen der Tatsache ins Auge sehen, dass Weihnachten für manche Menschen absolut kein Grund zum Feiern ist, sondern etwas, dass möglichst schnell wieder vorbei geht.

Kirchlich feiern

Obwohl der Glaube in großen Teilen Europas scheinbar zurückgeht, sind doch zu Weihnachten und zu Ostern die Kirche meistens voll. Ist das nicht ein Zeichen für eine absolut vorhandene Sehnsucht in den Menschen? Und so ist es naheliegend, dass die Feier der Christmette zu den am besten besuchten Gottesdiensten im ganzen Kirchenjahr zählt. Allein im Stephansdom finden sich um Mitternacht über 5.000 Menschen ein. Das Wort „Mette" selbst kommt vom lateinischen Begriff „matutinus", was soviel wie morgendlich bzw. frühmorgens bedeutet. Die liturgischen Wurzeln liegen im Stundengebet – hier wurde die Matutin zwischen Mitternacht und dem Morgenanbruch gebetet. In den meisten Pfarren beginnt die Mette zwischen 22 Uhr und 24 Uhr oder es wird eine Kindermette am Nachmittag gefeiert. Letztere wird (selbst wenn es gar keine Kinder mehr gibt mit denen man dort hingehen könnte) gerne von Jenen in Anspruch genommen, die nicht so lange aufbleiben wollen. Vor allem mit Jugendlichen sollte man den Übergang von der Kindermette zur Christmette nicht verschlafen, denn eine Christmette hat in jedem Alter einen ganz besonderen Reiz.

Eine Möglichkeit zumindest einen Teil von Weihnachten nicht alleine verbringen zu müssen, besteht im vielleicht natürlichsten aber mittlerweile für viele nicht mehr präsenten Weg: der Besuch eines Weihnachtsgottesdienstes. Hier kann man Gemeinsames erleben, denn das ist ja der ureigenste Sinn eines christlichen Gottesdienstes: Gemeinschaft eben. Und dann gibt es natürlich die Möglichkeit in ausgewählten Klöstern die Weihnachtsfeiertage zu verbringen. Was mittlerweile zum Jahreswechsel gang und gäbe ist, könnte für Weihnachten eine interessante Alternative sein. Gerade die innere Einkehr und die Besinnung stehen hier in einem eingebetteten Rahmen im Zentrum. Warum sollte dies gerade an Weihnachten verkehrt sein? Darüber hinaus gibt es nicht wenige Menschen die die stressigen oder emotional aufwühlenden Weihnachtsfeiertage zu verarbeiten versuchen, indem sie eben genau in diesen Tagen in ein Kloster gehen.

Urbi et Orbi ist der berühmte päpstliche Segen von der Benediktionsloggia des Petersdomes (auch die Lateranskirche hat etwa eine) herunter. Er wird am 25. Dezember und am Ostersonntag gespendet. Seit dem 13. Jahrhundert ist dieser „der Stadt (Rom) und dem Erdkreis" gültige Segen üblich – meist ausschließlich vom Papst. Mit diesem Segen kommt es zu einem vollkommenen Ablass, sofern man guten Willens ist natürlich. Besonderheit: Dies trifft nicht nur die physisch Anwesenden, sondern eben auch alle, die per Radio (seit 1967), per TV (seit 1985) oder Internet (seit 1995) dabei sein können.

Als Paar

Spätestens wenn man Kinder hat, wird die Feier von Weihnachten weitaus relevanter als zuvor. Es soll tatsächlich (kinderlose) Paare geben, die Weihnachten getrennt, bei ihren Ursprungsfamilien feiern. Aber spätestens wenn einmal eigene Kinder da sind, emanzipiert man sich meistens und gründet seine eigene Weihnachtsfeierkultur.

Dass dies allerdings nicht immer einfach ist, daran denken die Wenigsten. Es hat schon einen Grund, warum in einem guten Ehevorbereitungskurs auch auf die unterschiedlichen Feierformen in den Ursprungsfamilien der Ehepartner eingegangen wird. Wird die Bescherung vor oder nach dem Abendessen gemacht? Was und wie viel wird gesungen und gebetet? Welche Rituale gibt es an Heiligabend? Ist das Essen schlicht oder opulent?

Mit der Familie

So wie wir Weihnachten feiern und es uns vorstellen mit Baum und Spielzeug, im Kreis der Familie und in Ruhe, geht die Feier zurück auf das bürgerliche Weihnachtsfest im 19. Jahrhundert. Es ist also – verglichen mit der Geschichte des Festes – ein relativ junges Narrativ.

Gewissermaßen ist das Weihnachtsfest selbst auch ein Indikator für starke Veränderungen in unserem Leben. Dadurch dass es normalerweise immer mit den gleichen Abläufen gefeiert und begangen wird, fällt es an Weihnachten mehr als an anderen Tagen auf, wenn etwas anders ist: nach einem Auszug von zu Hause, bei Familiengründung, das erste Mal mit Kindern, Großeltern werden, nach Trennung oder Scheidung, nach dem Tod des Partners. Egal wie die Situation ist, weil fast niemand alleine feiern möchte, muss vorher darüber geredet werden, müssen Vorstellungen und Ideen ausgetauscht, Wünsche geäußert werden. An speziellen familiären Bräuchen halten manche seit Generationen und vielen Jahren fest. Allerdings sind gewisse Gepflogenheiten nicht immer durchzuhalten. So etwa ändern sich Dinge radikal wenn sich ein kleines Baby mit seinen Schlafenszeiten nicht an die altehrwürdigen Bräuche halten will.

Für Familien mit kleinen Kindern ist es zuerst einmal empfehlenswert, alles möglichst einfach zu halten. Eine folgenschwere Überlegung ist jene mit dem Christkind: Bringt das Christkind die Geschenke oder der Weihnachtsmann oder das Christkind im Auftrag der Eltern? Oder überhaupt gleich nur die Eltern? Jede diese Varianten ist eine gewichtige Entscheidung, die man – sofern man dann mehrere Kinder hat – viele Jahre durchziehen muss.

Ein großer Stressfaktor ist nicht zuletzt die Frage, wer an Heiligabend aller dabei sein soll. Passt es, wenn Oma und Opa (väterlicherseits oder mütterlicherseits) dabei sind oder schafft dies nur mehr Stress? Passt das auch an einem der Weihnachtsfeiertage?

Unser Tipp: Alles, was zur Ruhe daheim beiträgt, ist gut. Man soll ruhig Mut haben zum Innehalten. Kinder sind ohnehin leicht zu begeistern, auch für das Evangelium, die Kindermette und zum Beten daheim. Natürlich gefällt es Kindern, wenn sie einbezogen werden. Ab der Volksschule können sie auch schon einen Text vorlesen, dabei empfiehlt es sich allerdings, das vorher gut zu üben.

Jugendliche sind wesentlich entspannter, was die Geschenke angeht. Meistens ist fast alles besprochen oder gemeinsam gekauft, so hat die Bescherung nicht mehr den höchsten Stellenwert und es gewinnen andere Faktoren an Bedeutung.

Die traditionelle Feier des Heiligabends wie wir uns dies vorstellen, ist eine kleine Form der kirchlichen Liturgie. Es gibt meist Gebete, Schriftstellen, Gesänge und auch der Weihrauch darf in vielen Haushalten nicht fehlen. Das gemeinsame Mahl als Höhepunkt kommt uns ja von der Kirche auch bekannt vor. Lediglich die Bescherung fehlt dort. Schade eigentlich.

Wenn die Eltern getrennt sind

Für Kinder ist es zweitrangig, bei wem sie an Heiligabend feiern, ob der Ort der Feierlichkeit jährlich wechselt oder das Christkind an Heiligabend zweimal kommt. Zweimal Bescherung sehen Kinder manchmal auch als Vorteil, den sie durchaus zu schätzen lernen. Was sie nicht vertragen, ist die Sorge, einem Elternteil gehe es schlecht, weil sie beim anderen sind. Ob Kinder trotzdem schöne und harmonische Weihnachten feiern können, hängt in erster Linie davon ab, wie das Verhältnis der Eltern nach der Trennung ist und ob sie in der Lage sind, zum Wohle des Kindes zu handeln. Damit sich ein Kind loyal verhalten kann, muss es sich sicher sein, dass Mutter oder Vater dem Besuch beim anderen Elternteil zustimmen.

Viele Kinder stört es nicht, dass Mutter und Vater nicht gemeinsam feiern. Für manche Kinder ist es eine Entlastung. Denn nicht selten gab es vor der Trennung gerade an den Feiertagen schwer aushaltbare Konflikte innerhalb der Familie. Eltern sollten ehrlich zu ihren Kindern sein und durchaus auch zugeben, wenn es ihnen an diesem besonderen Tag schlecht geht. Es entlastet alle Beteiligten ungemein, wenn sie ihre Gefühle zeigen und ihre Ängste aussprechen dürfen.

Ein No-Go für jede kindliche Seele ist es, das Kind entscheiden zu lassen, mit welchem Elternteil es den Heiligabend/Weihnachten feiern will. Jedes Kind hört die Frage als: „Wen liebst du mehr?"

Klassisch mit Kindern

Kinder sind an Heiligabend etwas ungemein Mächtiges. Nicht wenige Menschen besuchen ihre Verwandten um unterm Weihnachtsbaum Kinder beobachten zu können. Und wer jemals ein zwei- oder dreijähriges Kind an Heiligabend gesehen hat, dem ist es wohl schwer gefallen, sich nicht von der Magie anstecken zu lassen. Und natürlich wollen wir allzu gerne Kinder an Heiligabend in unserer Nähe haben, da wir hoffen, durch die Kinder noch einmal unser kindliches Weihnachten spüren zu können, nacherleben zu können. Um so den „Zauber von Weihnachten" zu reaktivieren.

Die ganz besonderen Weihnachtsgefühle werden wenig überraschend in der Kindheit gebildet. Gerade als Kind ist vieles rund um Weihnachten magisch. Vom Adventskranz bis zur ganzen Dekoration, den Geschenken aber auch dem vielleicht veränderten Verhalten der Eltern. Gerüche und bestimmte Klänge spielen hierbei auch eine wesentliche Rolle. Kurzum: Es werden auch (oder vor allem) als Kind schon alle Sinnesorgane angesprochen. Es überrascht nicht, dass Gefühle als Kind viel intensiver erlebt werden als als Erwachsener und wir deshalb immer wieder versuchen, mit diversen Bräuchen oder Erwartungen bei unserem Kindes-Herzgefühl anzuknüpfen. Nicht ganz unproblematisch ist in diesem Zusammenhang das Übertragen der eigenen Weihnachtserinnerungen und Gefühle auf das eigene Kind, da man so auch seine Erwartungen überträgt. Wir müssen uns allerdings eingestehen, dass Weihnachten als Erwachsene nicht mehr so verklärt, sondern ziemlich entzaubert ist. Der Erwartungsdruck führt dazu, dass man alles nur noch nach ganz bestimmten Abläufen feiern will, so wie es früher angeblich war.

Nun haben Kinder den Erwachsenen einiges voraus: Sie leben ganz im Augenblick, sind genau deswegen wesentlich unbekümmerter, sie sind flexibel und zumeist aufgeschlossen und oft schonungslos ehrlich. Dass Gott ausgerechnet als Kind zu uns kommt, ist vor diesem Hintergrund auch eine wundervolle Botschaft. Vielleicht will Gott, dass wir die Angst vor ihm verlieren, dass wir seine Nähe und Einfachheit besser begreifen können. Aber Kinder sind auch unglaublich anstrengend und fordern heraus. So wie unsere Gottesbeziehung ja auch! Ein ständiges Zweifeln und Ringen ist normal und gesund, wenn es um Gott geht.

Ein Kind braucht aber auch die Verbundenheit mit anderen Menschen, idealerweise mit der Großfamilie, ein Kind hält es kaum aus, wenn es jemanden nicht gut geht und will trösten und helfen so gut es kann.

In unserer Pfarrkirche hängt ein großes hölzernes Kreuz mit Jesus als Schmerzensmann oben. Als ich während eines Gottesdienstes merkte, dass meine zweijährige Tochter das Kreuz genau studierte, erklärte ich ihr Person und Kreuz ein wenig. Die Reaktion war bezeichnend und unglaublich rührend: Da Jesus so viele Aua habe, müsse sie ihm unbedingt viele Pflaster bringen, damit alles wieder gut werde. Sie war während des restlichen Gottesdienstes sehr unruhig und besorgt, bis ich ihr erklärt habe, dass er nach drei Tagen eh wieder ganz gesund wird.

Kinder werden je näher das Fest kommt, immer aufgeregter und zum Schluss auch schon mitunter ziemlich überdreht. Das kann, wenn man die letzten Tage vor dem Fest ohnehin noch im Stress ist, zu einer zusätzlichen Belastung werden. Eine wenn möglich gemeinsame Beschäftigung, nicht zuletzt an der frischen Luft, ist für Kinder oft das Wichtigste. Und wer weiß: Vielleicht lässt man sich auch so von der kindlichen Vorfreude etwas anstecken. Ich bin der Meinung, dass Kinder in die Vorbereitung von Weihnachten eingebaut werden sollen. Je mehr sie selbst aktiv mitgestalten können, desto größer wird auch die Bedeutung die Kinder diesem Fest beimessen. Vor Kindern möglichst viel verheimlichen zu wollen, nur um dann für ca. 5 Sekunden an Heiligabend möglichst große Augen zu sehen, erzeugt eine dermaßen große Menge an Stress, die sonst sicherlich nicht so gegeben wäre. Meiner Erfahrung nach sind Kinder genauso verzaubert von Weihnachten, wenn sie auch in die Vorbereitung involviert sind.

Der Heiligabend sollte im Idealfall ablaufen wie jedes Jahr, das heißt das Kind sollte wissen, was es zu erwarten hat. So ist es für Eltern auch unabdingbar, den Ablauf mit dem Kind durchzugehen. Doch auch in den Tagen danach ist eine gewisse Struktur sicherlich von Vorteil für die Kinder. Eine gewisse Nachbereitung dieser Feste ist nicht unbedingt verkehrt. Ein Gespräch über das Erlebte hilft auch Kindern ein Fest zu realisieren und die Bedeutung einzuordnen.

Der kindliche Zauber von Weihnachten geht natürlich vorbei, aber trotzdem bleibt die Magie, vor allem des Heiligabends, bestehen. Vor allem wenn man selbst mit Kindern feiert, projiziert man vieles in diese hinein und wünscht sich durch diese vielleicht noch einmal selbst in die Vergangenheit zurück, die zwar meist nicht besser war, aber in der man eben selbst noch Kind war und alles anders wahrgenommen hat.

Weihnachten – ein Fest für alle Sinne

Für unsere Nase

Wir Menschen sind zu einem guten Teil (meist aber unbewusst) olfaktorische Wesen, wir lassen uns vor allem zu Weihnachten durch Gerüche in Stimmungen bringen. Der Reisig-Geruch entsteht vor allem bei den Fichten, Weihrauch ist sowieso ein Klassiker. Nelken, die in einer Orange stecken oder Zimtstangen sind ebenfalls sehr beliebt und sorgen für ein einmaliges Aroma. Auch der Rauch, der durch das Ausblasen der Kerzen entsteht, sorgt für eine ganz eigentümliche Stimmung. Und schon mehrfach erwähnt wurde der Brauch des Räucherns. Da Weihrauch auch stets im Gottesdienst verwendet wird, holt man sich so etwas sakrale Stimmung auch noch ins Haus.

Für unsere Augen

Auch wenn viele die Kerzen aus Brandschutzgründen von ihrem Christbaum verbannt haben: Die brennende Kerze ist sowohl von der religiösen Symbolik als auch von der verbreitenden Stimmung her für Weihnachten und ein weihnachtliches Gefühl unabdingbar.

Es gibt zwei Arten von Lichtfesten: natürliche Lichtfeste und Feuerfeste. Ostern ist kein natürliches Lichtfest, sondern ein Feuerfest (Osterkerze). Weihnachten umfasst beides: Kerzen am Adventkranz, am Christbaum und die Wintersonnenwende. Lichter sind in dieser Zeit immer Ankerpunkte:

von der Laterne zum Martinsfest über die Kerzen am Adventskranz bis zum Christbaum mit Abschluss Maria Lichtmess. Das Licht zieht sich also wie ein roter Faden durch diese 80-tägige Zeit. Kein Wunder: Man muss sich vergegenwärtigen, was es bedeutet, ohne elektrische Hilfsmittel im Dezember zu leben: Wenn es um 7.30 Uhr erstmals hell wird, aber bereits um 16 Uhr schon wieder finster ist. Speziell wenn sie etwa im 18. Jahrhundert auf dem Land leben, so werden sie selten eine Kerze benützen. Warum nicht? Weil sie schlicht und ergreifend zu teuer ist. Vor der industriellen Produktion mit den neuen Paraffinkerzen in der ersten Hälfte des 19. Jahrhunderts waren es Wachskerzen, die für Licht sorgten. Und weil nicht alle Leute über einen eigenen Bienenschwarm zur Wachsproduktion verfügten, ist es nur logisch, dass Wachs und damit Kerzen als wertvolles Material galten. So wurde Wachs oft als Naturalabgabe an die Grundherren gegeben. Durch die wahrscheinlich nicht gerade üppige Anzahl an Bienenwachskerzen waren die Nächte (und Wintertage) bis in das 19. Jahrhundert hinein sicherlich sehr finster. Hier kommt dem Licht logischerweise eine essentielle Bedeutung zu. Und es ist nachvollziehbar, dass die Wintersonnenwende mit einer gewissen Hoffnung gleichgesetzt wurde. Das Bedürfnis nach einem Lichterfest in dunkler Jahreszeit hat aber auch schon lange vor Weihnachten Ausdruck verliehen bekommen: Wer kennt etwa nicht die Umzüge zum Martinsfest? Wir sehen dies in der Beleuchtung von Straßen, Märkten, Geschäften oder den eigenen vier Wänden. Etwa neun Millionen Euro werden in Österreich für Weihnachtsbeleuchtungen ausgegeben. Der Stromverbrauch steigt massiv in dieser Zeit, man schätzt den Verbrauch auf jenen von 15.000 Haushalten im Jahr.

Doch selbst heute, wo wir eigentlich rund um die Uhr tagesgleiches Licht haben könnten, wird die besondere Bedeutung des einfachen Kerzenscheins durchaus geschätzt – ja er besitzt sogar eine mystische Komponente. Die brennende Kerze ist eines der weihnachtlichen Urbilder. Obwohl sie heutzutage vor lauter LED-Leuchten oder Halogen-Scheinwerfer eigentlich obsolet sein müsste. Vermutlich gibt es sie genau trotzdem.

Sie symbolisiert Leben genauso wie Wärme und heute wohl auch eine gewisse Ursprünglichkeit. In vielen religiösen Bräuchen ist das Entzünden eines Lichts, einer Kerze, ein sakraler Akt. Denken wir an die Osternacht oder den Beginn des Sabbats bei den Juden. Mit Weihnachten wird durch die Geburt Christi dann auch noch der Konnex zwischen Licht und Leben hergestellt: Ohne Licht gibt es kein Leben. Diese Thematik wird uns dann ein paar Monate später in der Osternacht übrigens noch einmal begegnen. Was wäre, wenn es (wie etwa in Australien) Sommer wäre, wenn wir Weihnachten feiern würden? Was würde uns an Lichtersymbolik, Behaglichkeit und damit Zauber verloren gehen? In 30 Ländern wird das Friedenslicht mittlerweile verteilt, darunter in den USA und in Teilen Südamerikas, aber vor allem in Europa. Initiator dieses Brauches war tatsächlich der ORF, der 1986 mit der Einführung des Friedenslichtes begann. Erhältlich ist es bei uns meistens bei der Feuerwehr oder bei Rotkreuzstationen und Kirchen.

Neben dem Licht kommt auch der Dekoration ein wichtiger Part zu. Zur Stimmung trägt dabei aber nicht nur das Hängen selbst, sondern auch die Anfertigung und Installierung bei. Reisiggestecke sind einfach und vermitteln am ehesten Natürlichkeit. Lichterketten oder aufgehängte Sterne sind auch sehr beliebt.

FÜR UNSERE OHREN

DAS GLÖCKCHEN
Es beginnt beim legendären Glöckchen. Als Miniaturausgabe der großen Kirchenglocken hat dieses einen ganz besonderen Klang, der auch bei Erwachsenen noch ganz besondere Emotionen auslöst. Dieses Glöckchen läutet die Bescherung ein und hat sich so tief in unsere Seele reingeläutet.

WEIHNACHTSLIEDER
Und es endet (nicht) bei den zahlreichen Weihnachtsliedern. Der Heiligabend ist bei manchen Familien vielleicht der einzige Zeitpunkt des Jah-

res, an den gemeinsam gesungen wird. Und tatsächlich gehören Weihnachtslieder schon seit Anbeginn des Festes als integraler Bestandteil dazu. Kein Wunder, sind doch diese Lieder Ausdruck der Freude über die Geburt Christi. Tatsächlich sind auch die meisten traditionellen, altehrwürdigen Weihnachtslieder gar nicht so altehrwürdig wie man denkt. Die meisten entstanden im 19. Jahrhundert.

In kaum einem anderen Genre wie der Weihnachtsmusik gibt es so einen bunten Strauß an verschiedenen Musikstilen und Bandbreiten. Die besondere Bedeutung der Weihnachtslieder lässt sich vor allem mit dem Aufstieg des Biedermeiers erklären. Damit war ein Rückzug ins Private auch im Feiern verbunden. Das Weihnachtsfest wurde zwar natürlich auch noch kirchlich gefeiert aber nicht mehr ausschließlich, sondern eben auch in den eigenen vier Wänden. Durch den Anstieg von Instrumenten im Haus wurde auch das weihnachtliche Musizieren immer wichtiger und häufiger. So wurden einerseits bekannte kirchliche Weisen verbreitet, aber auch ganz neue, vom Gottesdienst entkoppelte Lieder eingeführt.

Sind Sie traditionsaffin, so sind gerade manche dieser Lieder weitaus älter als Christbaum, Adventkranz oder Adventkalender. Ein besonders alter Hymnus ist jener von Ambrosius von Mailand „Veni redemptor gentium" aus dem Jahr 386. Singen ist freilich nicht jedermanns Sache. Man tut niemanden etwas Gutes, wenn man jemanden zum Singen oder Musizieren oder zum Vortragen von Gedichten zwingt. Natürlich kann Mitsingen entspannen und auch sehr viel zur Feierlichkeit beitragen.

Das Weihnachtsevangelium

Aber man kann zu Weihnachten auch einem bestimmten Text zuhören, dem Weihnachtsevangelium. Dies ist jenes nach Lukas, welches wir schon zuvor durchgegangen sind. Viele Menschen können große Teile des Evangeliums schon auswendig mitreden, obwohl oder gerade weil sie den Text einmal im Jahr hören – und das auch in der sehr speziellen Atmosphäre. Wer der Lektor ist, das hat in nicht wenigen Familien eine fixe Tradition.

Für unseren Gaumen

Auch das Festessen ist ein integraler Bestandteil des Weihnachtsfestes. Dies wird umso wichtiger wenn man sich vor Augen hält, dass die Adventszeit früher eine Fastenzeit war. Nun gehört der Heiligabend aber auch noch zur Fastenzeit, deswegen wird hier meist noch eine einfache Speise zu sich genommen. Der eigentliche Festtagsbraten fällt natürlich auf den Christtag. Aber auch schon nach der Mitternachtsmesse gab es oft eine kräftige Fleischsuppe als Imbiss. Schön ist die Tradition am Weihnachtstag auch für die zuletzt verstorbenen Familienmitglieder am Tisch zu decken.

Was zu Weihnachten gegessen wird, ist regional höchst unterschiedlich. Der Kabeljau und der Karpfen sind bei uns sehr verbreitet ebenso wie die Gans oder eine relativ schlichte kalte Platte. An Heiligabend galt sehr lange die Erbsensuppe sowie Kraut und Mohnnudeln im Waldviertel als typische Speise. Sehr bald kamen ab dem 19. Jahrhundert die Karpfen auf den weihnachtlichen Teller. Aber auch Weihnachtskrapfen durften in keiner vor allem bäuerlichen Stube fehlen. Im Mostviertel sind auch heute noch Bratwurst und Sauerkraut üblich, im Industrieviertel gibt es allzu oft eine Leberwurst.

Besonders alt ist auch der Christstollen. Dieser wurde 1329 in Naumburg urkundlich erwähnt. Papst Innozenz VIII. erlaubte die Zubereitung im Jahr 1491.

So sicher wie das Amen im Gebet kommen relativ knapp nach Weihnachten und vor allem im Rahmen der Neujahrsvorsätze viele Ratgeber, wie man die vielen Weihnachtskilos wieder wegbekommt, heraus. Auch wenn die USA Gott sei Dank in Sachen Essen nicht mit Österreich vergleichbar sind, so nehmen dort einer Studie zufolge die Menschen 370 g pro Feiertage zu. Also gar nicht soviel wie es uns vielleicht subjektiv vorkommt. Der Nachteil: Diese 370 g werden in den seltensten Fällen auch wieder abgenommen. Ein neuer Trend ist, dass man Weihnachten als ganz bewussten Kontrapunkt zum gesellschaftlich Erwarteten macht und deswegen in Lokale zum Essen geht. Und tatsächlich nehmen immer mehr Gastronomen darauf Rücksicht und bieten eigene Weihnachtsmenüs an.

Für unsere Seele

Gebet: Das bewusste In sich gehen, jeden Abend ein Dankbarkeits- oder Tagebuch führen, am Adventkranz jeden Abend Kerzen anzünden und innehalten, ein Gebet sprechen – das sind ebenso ritualisierte wie tiefgehende Möglichkeiten, seiner Seele etwas Gutes zu tun.

Auszeiten: Oder auch in Form von Auszeiten einfach einmal locker hinsetzen und mehrmals durchatmen. Dabei sich ganz bewusst auf das Ein- und Ausatmen konzentrieren. Oder mehrfach die Schulter hoch anheben und locker fallen lassen.

Bewegung: Wesentlich zur Entschleunigung trägt das Spazierengehen bei. Vor allem in der Dunkelheit (was um diese Jahreszeit ja nicht allzu schwer sein sollte) kann man dabei zum Nachdenken, zur Ruhe oder ins Gespräch kommen.

Stil: Sich etwas festlicher kleiden anstatt im Trainingsanzug unterm Baum zu stehen wertet jedes Fest massiv auf. Auch das Abendessen sollte – je nach eigenem Vermögen – etwas Besonderes sein und sich vom alltäglichen Essen abheben. Das beginnt schon bei der gedeckten Tafel.

Gutes tun tut gut: Jemanden zu beschenken ist meist auch eine Freude für einen selbst. Man freut sich am Glück des anderen. Gerade zu Weihnachten ist dies aber nicht nur bei der Bescherung so. Spenden nehmen massiv zu und karitatives Engagement ebenso. Kaum etwas bringt so eine weihnachtliche Stimmung wie Gutes zu tun.

Besuch & Gemeinschaft: Es soll kein Tabu sein, die Gästelisten zu überdenken, sind Streitereien etwa ohnehin vorprogrammiert. Wenn man schon das ganze Jahr über nicht allzu gut miteinander auskommt, ist die Erwartung für die Feiertage eine große, die aber selten wirklich friedlich erfüllt werden kann. Mögliche Konflikte sollten idealerweise schon in der Adventszeit angesprochen und im Idealfall auch ausgesprochen werden.

Gemeinsame Zeit: Gerade für den Heiligabend können wieder gemeinsame Spiele entdeckt werden, sei es „Mensch ärgere dich nicht" oder andere Gesellschaftsspiele. Denn bei gemeinsamer Zeit mit Eltern oder anderen Familienmitglieder steht die emotionale Komponente weitaus mehr im Vordergrund als dies bei Einzelspielen sein kann. Beschäftigt sich ein Kind alleine mit einem neuen Spielzeug, so ist es ja nicht per se negativ, da es auch die Kreativität und Konzentrationsfähigkeit mitunter fördern kann.

Ebenso die Familienbesuche: Jeden Tag woanders hin, mitunter sogar mehrere Besuche an einem Tag – um es allen recht zu machen. Das bedarf auch einer gewissen Planung und Absprache sowie ganz zu Beginn der ehrlichen Frage: Ist es überhaupt wirklich notwendig? Denn auch Verwandtenbesuche sind so eine Sache. Für den einen sind „Zeit mit der Familie" das allerhöchste Weihnachtsgut, für den anderen sind sie eine lästige Tradition. So beginnen für einige Menschen die wirklich entspannenden und schönen Tage erst am 27. Dezember, sobald die „Feierlichkeiten" bzw. Besuche erledigt sind. Auf jeden Fall war dies auch schon früher üblich. Vor allem mit Kindern ging man zu den Paten, um sich das „Christkindlein" abzuholen. Wenn sie ganz mutig sein wollen, laden Sie jemanden ein, der vielleicht alleine Weihnachten feiern muss.

Kurioses und nicht gerade theologisches Detail am Rande: Der Christtag ist jener Tag im Jahr, an dem die Haushalte Wiens die geringste Wassermenge im Jahr verbrauchen. Der wahrscheinlichste Grund: Viele Menschen verbringen die Feiertage bei ihren Familien außerhalb Wiens.

Die Bräuche finden laut der Umfrage unterschiedlichen Niederschlag. Bei der Fragestellung wurde übrigens darauf hingewiesen, dass es sich bei „Weihnachten" um den Heiligabend handelt. Einzig bei Kirchgang und Herbergssuchen wurden auch noch die Tage rund um Weihnachten inkludiert.

Auf Platz 1 rangiert überlegen das Hören von Weihnachtsmusik im Laufe des Heiligabends. Bei 80,5 % sieht man die Wichtigkeit von Musik für Stimmung und für ein gelingendes Fest. Ähnlich verhält es sich beim Singen von „Stille Nacht". Dies gehört bei mehr als der Hälfte (58,2 %) zu Heiligabend dazu.

Ein achtbares Ergebnis erzielte der Kirchgang. Mit 47,9 % geht fast die Hälfte der Befragten an einem der Weihnachtsfeiertage in die Kirche. Und die Messbesuchsstatistiken in den Pfarren bestätigen diesen Trend auch. Fast schon überraschend ist der Friedhofsbesuch mit stolzen 39,8 % an vierter Stelle. Totengedenken und Weihnachten gehören schon seit Jahrhunderten eng zusammen.

Ganz knapp entscheidet das Fernsehen mit 33,8 % den Kampf um Platz 5 für sich gegen das Beten mit 32,7 %. Aber trotzdem: Dass ein Drittel aller Befragten an Heiligabend betet, ist grundsätzlich erfreulich und ausbaufähig zugleich. Aber in einer Zeit, in der viele Menschen das Beten schlicht und ergreifend verlernt haben, stimmt mich diese Statistik vorsichtig optimistisch.

17,9 % räuchern ihre Räumlichkeiten noch aus und 16,1 % lesen das Weihnachtsevangelium – beides überschaubare Werte.

Am letzten Platz liegt das Herbergssuchen mit 7,4 %, das sind 33 Personen. Es sei hier angemerkt, dass eine überwiegende (aber nicht genau quantifizierbare) Mehrheit der Befragten gar nicht wusste, um welchen Brauch es sich dabei überhaupt handelt.

UMFRAGEERGEBNIS
Diese Bräuche machen wir zu Weihnachten

	in %
Weihnachtsevangelium lesen	16,1
Beten	32,7
Räuchern	17,9
Stille Nacht singen	58,2
Weihnachtsmusik hören	80,5
Fernsehen	33,8
Mind. 1x während d. Feiertage in die Kirche gehen	47,9
Besuch am Friedhof	39,8
Herbergssuchen	7,4

Weihnachten bei den Profis

In den Klöstern

In der Vorweihnachtszeit herrscht auch in den Klöstern Hochbetrieb. Der Weihnachtsstress geht auch an Mönchen nicht spurlos vorbei, vor allem wenn der Advent kurz ist. „Man muss halt einiges an Angeboten für die Menschen in geballter Form unter einen Hut bringen", meint Frater Alois Köberl vom Stift Melk. Er ist unter anderem für die „Junge Pastoral" vor Ort zuständig und begeistert damit Kleinkinder ebenso wie Tweens. Ein voller Terminkalender ist bei den meisten Patres üblich. Und auch Altabt Burkhard Ellegast kann das nur bestätigen: „Ein Stress ist vor Weihnachten auf jeden Fall da. Aber mit dem Weihnachtsfest ist es vorbei – da fällt auch viel ab."

Es stellt sich natürlich die Frage, wenn nicht einmal Mönche die sogenannte „stille Zeit" als Zeit der Besinnung wahrnehmen können, wer dann? „Es findet halt alles sehr verdichtet statt. Aber man darf nicht vergessen, dass etwa Besinnungstage oder Adventveranstaltungen für Jugendliche auch selbst viel Kraft geben. Man muss aber sehr präsent in dieser Zeit sein", klärt Frater Alois auf. Kommen dann endlich die letzten Tage vor dem Heiligabend wird es schon langsam etwas ruhiger. Meistens wird am 23. Dezember abends der Christbaum für den Konvent aufgeputzt. Die jungen Mitglieder werden gemeinsam mit dem Prior dazu betraut.

Natürlich stehen im Stift Melk dutzende Christbäume. Alleine in der Kirche sind es 20 große Bäume. Aber für den Konvent gibt es einen eigenen, der im sogenannten „Babenbergerzimmer" steht. Das ist zumeist eine Tanne aus den stiftseigenen Forsten, mit guten drei Metern Höhe. Beim Schmücken haben die Mönche grundsätzlich im Rahmen der Christbaumschmuckmöglichkeiten freie Auswahl. Hie und da zieren allerdings auch Game of Thrones-Christbaumkugeln die ehrenwerte Konventtanne. Die Kerzen sind natürlich ganz klassisch, keine elektrischen.

Der 24. Dezember selbst beginnt (für einen Mönch) normal, mit dem Morgengebet um 6.30 Uhr, gefolgt von einer Messe. Im Lauf des Tages wird es im Kloster schon ziemlich ruhig – die Mitarbeiter sind zumeist nicht mehr da und die Mönche widmen sich persönlichen Aufgaben. Zu Mittag steht in alter Fasttagstradition etwas Einfaches auf dem Speiseplan. Am Nachmittag gibt es Kinderbetreuung, Vorbereitungen für die liturgischen Feiern und vor allem Ruhe.

Der Heiligabend selbst beginnt um 18 Uhr mit der Vesper in der Kirche. Diese wird gesungen, zumal man in Melk durch das produktive Schaffen des Altpriors und ehemaligen Stiftsorganisten Bruno Brandstetter über ein großes Repertoire an eigenen Kompositionen verfügt.

Nach 30 bis 40 Minuten geht es in besagtes Babenbergerzimmer zum Christbaum, der illuminiert wird. Im Kreis hält man einige Zeit inne, danach wird „Es ist ein Ros entsprungen" gesungen und der jüngste Mitbruder liest das Weihnachtsevangelium vor. Jenes Evangelium nach Lukas, das in zahlreichen Haushalten und Kirchen stets verlesen wird, das viele Priester, Mönche und Laien genau deswegen schon auswendig können. Wird es für einen Profi nicht fad? Frater Alois hält es damit wie mit der „Stillen Nacht": Auf der einen Seite bemüht man sich, es in der Vorweihnachtszeit nicht zu hören und auf der anderen Seite gibt es immer wieder einzelne Worte im Text, wie „Friede" oder „Fürchtet euch nicht", die hängen bleiben.

Nach dem Evangelium hält der Abt dann eine kurze Ansprache. Diese ist jedes Jahr sehr ähnlich. Als sehr schön wird empfunden, dass er jeden Mitbruder namentlich nennt und das mit einer kurzen Pause, sodass man Raum bekommt, an diesen zu denken – ob er nun da ist oder nicht. Hier geht es wesentlich um das Spüren der Gemeinschaft. Dann wird auch jener gedacht, die dem Stift anvertraut sind: Mitarbeiter, Schüler, CBM.

Im Anschluss wird Andacht gehalten, die mit einem „Vater Unser" und mit „Stille Nacht" beendet wird. Dann wird mit altehrwürdigen Gläsern mit Sektinhalt angestoßen (wobei Frater Alois in seinen ersten Jahren gleich einmal eines dieser altehrwürdigen Gläser zu Bruch gehen ließ).

Im Speisesaal wartet in der Zwischenzeit schon das Abendessen, das aus einer kalten Platte sowie einer Suppe besteht. Gestärkt von der Mahlzeit können sich auch Mönche über ein Geschenk freuen. Es ist ein sehr alter Brauch in Melk, dass jeder Mitbruder einen Buchwunsch äußern kann. Der Prior, der für die inneren Abläufe zuständig ist, eruiert diese im Namen des Christkindes. Die Palette reicht von Schokoladenkochbücher über kunsthistorische Werke bis zu spiritueller Literatur.

Auch die persönlichen Weihnachtskarten, die sich manche Mönche gegenseitig geschrieben haben, werden gelesen. Früher schrieb Abt Burkhard nie irgendwelche Weihnachtskarten. Als „lästige Wünscherei" tat er dies ab. Kaum ist er aber Abt geworden, wurde im bewusst, wie viele Weihnachtskarten man überhaupt bekommen kann. Und so fing er an zurückzuschreiben bzw. überhaupt einmal welche zu verschicken. Das Wichtigste dabei ist das Persönliche, das die Leute auch goutieren – bis heute. Und so werden über 600 Karten jeden Advent bzw. seit Mitte November eigenhändig geschrieben – natürlich auch an alle Mitbrüder. Diese Karten hebt sich Abt Burkhard bis zum Schluss auf. Viele persönliche Antworten treffen natürlich auch ein, u. a. vom Bundespräsidenten AD Heinz Fischer, der sich dabei auch an die Fähigkeiten Burkhards erinnert, quasi aus dem Nichts eine Flasche Wein aus der Soutanne hervorzuzaubern, die man dann in gemütlicher Runde mit den Staatsgästen trinken kann. Im Übrigen seien nahezu alle Staatsgäste voll des Lobes beim Bundespräsidenten über diesen Programmpunkt im Stift Melk.

Aber zurück zu Heiligabend: Gerade was Burkhards Karten betrifft, ist es stets aufs Neue eine Kunst, die persönlichen, handgeschriebenen Worte des Altabtes Burkhard auch zu entziffern. Danach, es ist mittlerweile etwa 21 Uhr geworden, zieht sich jeder Mönch zurück, manche machen noch ein Nickerchen vor der Christmette, andere treffen noch letzte Vorbereitungen, wieder andere vertiefen sich in ihr Geschenk und einige versuchen noch immer die Weihnachtskartenworte zu dechiffrieren. Um 22 Uhr geht es für die meisten in die Sakristei, um 22.30 Uhr wird die Mette gefeiert.

Der legendäre Altabt Burkhard von Melk (links) und die Marienschwestern von Klein Erla feiern ein bescheidenes und fröhliches Weihnachtsfest.

Da es etliche Pfarren gibt, die das Stift Melk zu betreuen hat, müssen manche Brüder während des Abends (etwa nach der Vesper) noch ins Weinviertel oder Industrieviertel fahren, um dort Messen zu lesen.

Noch sehr gut erinnert sich Burkhard an seine ersten Weihnachten im Stift: „Ich war sehr gespannt auf meine ersten Weihnachten, die ich nicht zuhause, sondern eben im Kloster verbracht habe. Auf der einen Seite war ein leiser Schmerz, weil ich weg von zuhause war, auf der anderen Seite eine große Neugierde, wie die das im Kloster so machen".

Besonders geschätzt wird die Gemeinschaft. „Wenn man in so einem großen Haus wohnt, kann es passieren, dass man sich oft lange nicht sieht. Aber zu Weihnachten sind alle beisammen – wie in einer Familie. Die einzigen Weihnachten, die er nicht im Haus verbracht hat, waren jene Jahre nach der Priesterweihe als er in Pfarren unterwegs war. Hier konnte er vielen Menschen helfen. Vor allem die Beichte abzunehmen war einer seiner Aufgaben, bei der er zahlreichen Leuten auch Mut zusprechen konnte. Das mit der Beichte habe aber generell längst abgenommen.

Doch es gab auch für Burkhard zu Weihnachten nicht immer nur Schönes: Ein paar Tage vor Weihnachten 1947 oder 1948 stirbt Burkhards

Vater plötzlich. „Das war ein bitteres Weihnachten. Aber wir haben es trotzdem gefeiert, da dies uns auch weitere Kraft gegeben hat."

Am 25. Dezember gibt es um 7 Uhr ein kurzes Morgengebet, um 9 Uhr ist das feierliche Pontifikalhochamt mit Chor und Orchester und allem Drum und Dran. Mittags gibt es dann das eigentliche weihnachtliche Festessen.

Nach der Vesper am Abend lädt der Abt noch zu sich in die Wohnung bzw. in die Prälatur ein, wo auch der Christbaum entzunden wird und gemeinsam gesungen, gebetet, getrunken und gegessen wird. Pater Jakob improvisiert auf der Gitarre, dabei werden immer wieder Weihnachtslieder gesungen. Dieser meditative Akt dauert eine dreiviertel Stunde und endet auch wieder mit „Stille Nacht".

In Melk ist es Brauch, dass die meisten Brüder, die von weiter weg kommen, am Stephanitag für ein paar Tage zu ihren Familien fahren. Gerade in dieser Zeit bis Neujahr ist es sehr still – selbst in einem so lebendigem Haus wie dem Stift Melk.

Im Stift Göttweig trachtet man danach bereits am 23. Dezember die wichtigsten Arbeiten abgeschlossen zu haben, da der 24. dann ein Gemeinschaftstag sein soll. Nach dem einfachen Mittagessen bereiten sich die Mönche auf die verschiedenen Metten vor, die meisten sind in den Pfarren außerhalb des Klosters im Einsatz. Am Abend nach der Vesper kommt der Krippengang, an dem auch Angestellte des Klosters teilnehmen. Der Christbaum wird entzündet, der Abt hält eine Ansprache, das Weihnachtsevangelium wird gelesen und es wird gesungen. Zu essen gibt es meistens Fisch. Das Gemeinschaftsweihnachtsfest findet am 27. Dezember statt, denn da kommen fast alle Ordensmitglieder ins Stift zurück.

Im Stift Seitenstetten selbst kommen alle Benediktiner des Klosters, auch jene die in dem Pfarren wirken, am Abend ins Stift wo Weihnachten sehr schlicht gefeiert wird. Um 17:30 Uhr findet die Weihnachtsfeier des

Konvents statt. Danach werden kranke Mitbrüder besucht. Die klassischen Weihnachtsgeschenke in Seitenstetten sind Bücher, CDs und Autobahnvignetten.

In Erla kochen nach der Laudes am 24. Dezember morgens die Ordensfrauen, dekorieren gemeinsam und üben. Zu Mittag wird fleischlos gegessen, der Nachmittag in Stille begangen. Nach einer Feier in der eigenen Kapelle wird das Jesuskind aus der Krippe genommen und es wird gemeinsam ins Refektorium eingezogen. Dort gibt es dann Bratwürste mit Krautsalat und es wird gemeinsam gelacht, erzählt und musiziert.

Bei den Franziskaner Missionarinnen Mariens (FMM) in Seitenstetten wird die Vesper um 17:30 Uhr gefeiert, dann wird ausgeräuchert und die Haussegnung begangen. Zum Essen gibt es eine kalte Platte mit Punsch und nach der Mette sitzt man noch gemütlich bei Kakao und Musik zusammen. Geschenke werden erst am 25. Dezember geöffnet und untereinander verteilt. Meist sind es Bücher, Kerzen oder Kleidung.

WEIHNACHTEN ALS PFARRER

Während am 24. Dezember die meisten Menschen schon in Festlaune sind, sind neben den Handelsangestellten die Pfarrer und Priester im Hochbetrieb. Der Vormittag des 24. ist auch bei Alois Brunner, Pfarrer in Frankenfels im Pielachtal, recht arbeitsreich: Es müssen alle Messen der kommenden Feiertage vorbereitet werden und die Predigten überlegt werden. Und wie es sich für einen guten Pfarrer gehört, für jede Messe eine eigene Predigt, weil zum Teil die gleichen Leute wieder kommen. „Im Laufe des Tages schneien immer wieder Leute herein um die Weihnachtsgeschenke segnen zu lassen", so der langjährige Pfarrer. Die Feierlichkeiten beginnen mit der liebevoll gestalteten Kindermette am Nachmittag. Danach fährt Pfarrer Alois zur Familie seiner Haushälterin samt Tochter und Enkelkindern. Bei der Familienfeier wird gebetet, gesungen und gut gegessen. Zurück im Pfarrhaus gibt es eine kleine Bescherung. Die Christmette bildet den Abschluss des Heiligabends, bis vor kurzem hat er die Mette in zwei Pfarren gefeiert. Wie bei vielen Pfarrern, die mehrere Orte zu betreuen haben, kann man hier eher von einem „Eiligen Abend" sprechen.

Trotzdem ist Einsamkeit für viele Pfarrer gerade zu Weihnachten ein fast schon tabuisiertes Thema. Manche feiern in Priestergemeinschaften, aber viele feiern alleine oder sind auf die Mitfeier bei Verwandten angewiesen. Dass es durch die kommenden Hochämter viel zu erledigen gibt, kann nicht darüber hinwegtäuschen, dass die ruhigen Momente zu Weihnachten für einen Priester auch sehr hart sein können.

Weihnachten – nicht für alle

Für Papst Franziskus liegt das Wesen von Weihnachten in der zerbrechlichen Einfachheit des Neugeborenen. Denn dort ist Gott zu finden. Nicht zuletzt Franziskus plädiert dafür, Weihnachten vom Geist der Weltlichkeit zu befreien. So ist es auch sehr wichtig Weihnachten nicht von jedem Bezug zur Geburt Jesu zu entfernen aus „falschem Respekt" vor Nichtchristen. Es ist tatsächlich in unserer Gesellschaft oft üblich, den Glauben klein zu machen, sich vielleicht sogar zu schämen ein religiöser Mensch zu sein. Doch auch für Franziskus ist es ohne Jesus nicht Weihnachten, sondern eben eine andere Sache. Fällt Jesus von Weihnachten weg, ist alles nur noch falscher Schein.

Verfolgt und unterdrückt

Obwohl es sich bei Weihnachten wie gesagt um ein globalisiertes Fest handelt, darf es aber weiß Gott nicht überall gefeiert werden. Überhaupt sollten wir nicht vergessen, dass die Feier von Weihnachten auch heute noch nicht selbstverständlich ist und dass viele Menschen die sich zu ihrem Glauben bekennen, Weihnachten teilweise nur unter Repressalien oder sogar unter Lebensgefahr feiern. Nordkorea steht schon seit vielen Jahren auf Platz 1 des Verfolgungsindex von Christen, gefolgt von hauptsächlich islamischen Staaten wie Afghanistan, Somalia oder dem Sudan.

Vonseiten der Türkei – weiß Gott nicht das restriktivste islamische Land („nur" Platz 31 im Christenverfolgungsindex 2018) – hieß es 2016: „Hier ist die Türkei. Es kann nicht gestattet werden, dass an einer staatlichen Schule die Kinder dieses Landes der religiösen und politischen Propaganda des deutschen Staats ausgesetzt werden", so der AKP-Vizeparteichef Mustafa Şentop anlässlich eines Erlasses, dass deutsche Lehrer am Gymnasium „Istanbul Lisesi" nicht mehr über das christliche Fest unterrichten dürfen. Wir reden hier nicht von Missionierung, sondern vom bloßen Unterricht. So wie die Osmose, die Klimazonen oder Epochen der Urgeschichte.

Zwar ist der Nikolaus ob seiner Herkunft in der Türkei durchaus populär und auch der Christbaum ist beliebt, doch kommt es immer wieder zu Demonstrationen dagegen. An anderen österreichischen oder deutschen Schulen kann man Weihnachten durchaus feiern, aber immer ohne Glühwein oder Punsch.

ATHEISTISCHE WEIHNACHT

Weihnachten zu feiern, wie es die Kirchen tun – das ist für viele Menschen in Österreich weder üblich und für manche auch nicht wünschenswert. Trotzdem gibt es nahezu keine Weihnachtsverweigerer. Auch jene, die sich selbst als Atheisten, Religionslose oder Heiden bezeichnen, wünschen sich gegenseitig „Frohe Weihnachten" und pflegen nicht wenige Bräuche, die selbstverständlich aus der christlichen Religion kommen.

Denn letztlich haben auch Atheisten und Religionslose eine Sehnsucht, über den Alltag hinauszugehen oder wenigstens einen Abend im Jahr mit einer gewissen Ehrfurcht und Heiligkeit zu begehen. Und tatsächlich: Kein Theater, kein Kino, kein Geschäft oder Sportverein hat an Heiligabend geöffnet. Als wäre es selbstverständlich, beschwert sich dieses eine Mal im Jahr auch niemand. Das ist auch gut so.

Genau genommen ist es schon sehr skurril, das ansonsten überzeugte Atheisten mir nichts dir nichts Weihnachten feiern, obwohl sie sich sonst das ganze Jahr über stolz als Religionskritiker bezeichnen. Ein Freund von mir und stolzer Atheist berichtete mir voller Freude, dass er jüngst das neue Richard Dawkins-Buch geschenkt bekommen habe und er jetzt noch mehr Argumente gegen diese Krankheit namens Religion hätte. Daraufhin habe ich ihn gefragt: „Wann hast du denn dieses Buch geschenkt bekommen?" Seine Antwort: „Na zu Weihnachten natürlich." „Danke, Florian. Jetzt brauchen wir nicht mehr weiterreden – alles klar."

Auch diese teilweise sehr radikalen Atheisten wollen nicht auf die Gemeinschaft, den Christbaum und Geschenke verzichten. Um das Interesse an Weihnachten zu legitimieren, hört man dann sehr oft davon, dass man eigentlich ein Lichterfest oder auf jeden Fall etwas Vorchristliches feiert, wie etwa die Sonnenwende. Man versucht, die christlich-religiöse Bedeutung zu schmälern und argumentiert, dass Weihnachten ja eigentlich nur aus einem heidnischen (wie immer das definiert wird) Wintersonnenwendbrauch entstanden ist, was aber natürlich viel zu kurz greift. Manche Atheisten möchten Weihnachten gerne ohne weltanschauliche Bedenken feiern.

Sehr schräg sind in diesem Zusammenhang meine „Freunde" von der Initiative „Religion ist Privatsache". Sie kritisieren, dass Weihnachten in Schulen und Kindergärten hauptsächlich „in einem religiösen Kontext vermittelt" wird. So wird in einer Zeitung ein Vater zitiert: „Meine Tochter kommt aus dem Kindergarten und erzählt vom Jesuskind. Da muss man sich schon fragen." Ähm ja. Geht's noch?

Auch die sozialistische DDR-Regierung unternahm den Versuch, Religion und Weihnachten zu trennen. So wurde etwa die geflügelte Jahresendfigur eingeführt. Gewissermaßen wurde die reguläre Feier des Weihnachtsfestes eine Form des dezenten Widerstandes. Allerdings war die Strategie der DDR-Verantwortlichen längerfristig durchaus erfolgreich, da der Osten Deutschlands bis heute als religiöses Niemandsland gilt.

Die Nazis und Weihnachten

Der Umgang der Nationalsozialisten mit dem Thema Weihnachten lässt sich auf eine kurze Formel reduzieren: Die Verdrängung aller religiösen Inhalte und Symbole aus den Köpfen der Menschen zu Gunsten von nationalsozialistischer und pseudogermanischer Motivik.

Zuallererst wurde natürlich die Berechtigung von Weihnachten untergraben, da dies ja nur eine Entfremdung des ursprünglichen germanischen Wintersonnenwendfestes wäre. Nun darf man sich bei der Beschäftigung mit der nationalsozialistischen Ideologie nicht irreführen lassen: Denn diese basierte in ihrer Terminologie zu einem stolzen Teil auf der Sprache der kirchlichen Liturgie. Mehr als einmal ist von Sakramenten, Glaubensbekenntnissen, Heiligem oder „Amen" zu lesen. Ein großes Ziel war, Jesus Christus Stück für Stück durch Adolf Hitler zu ersetzen. So gab es etwa ein „Führer unser" oder für Weihnachten passend statt „Christ der Retter ist da" hieß es auf Briefmarken „Unser Führer, der Retter ist da".

Es wurde sogar eine eigene Institution geschaffen nämlich das „Amt des Beauftragten des Führers für die Überwachung der gesamten geistigen und weltanschaulichen Erziehung der NSDAP". Weihnachten galt fortan als vom Christentum entartet und für eigene Zwecke manipuliert. Hier musste man wieder zurück zum „Ursprünglichen" und „Reinen" und man setzte alles daran, sämtliche bisher über Jahrhunderte hindurch geübten Weihnachtsbräuche umzudeuten:

- Das Weihnachtsevangelium wurde durch diverse Märchen verdrängt, Frau Holle etwa ersetzte die Rolle der Maria und wurde zur Lebensmutter stilisiert.
- Am Adventkalender kam kein Weg vorbei, da sich dieser innerhalb von nur zehn Jahren einer extremen Beliebtheit bei den Kindern erfreute. Wenn man ihn schon nicht verdrängen konnte, so musste man ihn doch ein bisschen modifizieren und statt christlicher Motive mit Schmuck in Form von germanischen Runen und Hakenkreuzen versehen. Spannend ist auch, dass man im Lauf des Krieges bei diesem Kalender zerstörte russische oder englische Militärfahrzeuge darstellte .
- Der Adventkranz wurde durch einen Sonnwendkranz ersetzt und die vier Adventsonntagskerzen waren dann eben Jahreszeitenkerzen.
- Der Christbaum hatte natürlich auch ausgedient und so galt es die Jultanne unter das Volk zu bringen, die selbstverständlich mit Runen und Hakenkreuzen geschmückt sein sollte.
- Sein Fett weg bekam auch der heilige Nikolaus, der einerseits nur als christliche Interpretation des Gottes Wodan abgetan wurde oder ganz durch Knecht Ruprecht oder den Weihnachtsmann ersetzt wurde.
- Hartnäckig waren freilich die Weihnachtslieder, die schon seit vielen Jahrzehnten und Jahrhunderten gesungen wurden. Auch hier kam es zu einer Entchristlichung, viele Strophen wurden von religiösen Inhalten gereinigt. Stellen Sie sich „Stille Nacht" etwa mit folgendem Text vor: „Stille Nacht, heilige Nacht. O wie schön! Welche Pracht! In dem festlichen, trauten Raum steht der strahlende Lichterbaum! Weihnacht ist wieder da! Weihnacht ist wieder da!" Oder als weiteres Beispiel die dritte Strophe von „Ihr Kinderlein kommet": „Das deutet auf uralte Zeiten zurück und lenkt auf die Sitte der Ahnen den Blick und lehrt, dass dies Erbe bis heutigem Tag und weiter in Zukunft bewahrt bleiben mag." Oder ebenfalls besonders unappetitlich zur Melodie von „Leise rieselt der Schnee": „Sonne steiget empor, Kraft

und Einheit drängt vor, Glauben an Deutschland erwacht, bricht durch die dunkele Nacht." Die Zeit der großen deutschen Dichterfürsten war in den 1940er Jahren offensichtlich vorbei.

- Statt des Gottesdienstes bzw. der Mette sollte die Wintersonnenwendfeier stehen. Auch diese hatte einige sakrale Elemente wie ein Weihelied, eine Besinnung und eine Predigt.
- Da Christstollen und Weihnachtskekse aufgrund ihre religiösen Bezüge sowieso keinem mehr schmecken konnten, sollte man ab nun Kekse in Form von Runen, Sonnenrädern und germanischen Tieren backen anstatt wie bisher üblich Herzen, Tannen oder Sterne.

Doch die Nationalsozialisten wurden letzten Endes die Geister, die sie riefen, nicht mehr los. Denn es ist kein Geheimnis, dass gerade wenn es den Menschen schlecht geht, insbesondere im Krieg, diese noch mehr Trost bei der Religion als zuvor finden. Daher ist es nicht verwunderlich, dass die meisten Maßnahmen schlicht und ergreifend total floppten. Allen voran die umgedichteten Weihnachtslieder und die Jultanne. Diese wurden nicht einmal von eingefleischten Nazis als solche verwendet. Dass vom Christkind bis zum Adventkranz alle Bräuche mit Weihnachten 1945 wieder da waren überrascht zum Glück nicht.

JUDEN UND WEIHNACHTEN: „WEIHNUKKA"

5 Mal während eines ganzen Jahrhunderts kommt es vor, dass Weihnachten zeitgleich mit Chanukkah gefeiert wird. Chanukkah selbst bedeutet soviel wie Einweisung. Dieses jüdische Fest erinnert daran, dass im Zuge der Kämpfe gegen die Selukiden im verwüsteten Tempelhof nur ein einziges kleines Ölkännchen gefunden wurde, dies aber ganze acht Tage lang den heiligen Leuchter versorgte. Deshalb werden an diesen Festen acht Kerzen angezündet. Chanukkah findet normalerweise zwischen Ende November und Ende Dezember statt, jeweils am 25. des Monats Kislew, da sich der jüdische Kalender nach dem Mond ausrichtet. Nun ist es freilich so, dass

sich nicht wenige Juden der Wucht oder Faszination des Weihnachtsfestes nicht ganz entziehen können und es manchmal zu Mischformen kommt: So spricht man dann von „Weihnukka".

„Bitte nicht" – Anleitung zum Weihnachtsdesaster

Perfektionismus

Der Ablauf, der genau nach Plan stattfinden muss, die Wohnung, die ganz sauber sein soll und das Essen, das ganz genauso wie auf dem Rezeptbild aussehen muss. Und am ehesten zum Scheitern verurteilt: Jeder muss sich so verhalten, wie es meinen Vorstellungen eines perfekten Weihnachten entspricht. Und sei es noch so unnatürlich.

Unbedingt vermeiden sollte man Grundsatzdiskussionen. Es ist doch nur natürlich, dass Emotionen gerade zu Weihnachten durchgehen, da also unterschiedliche Erwartungen aufeinanderprallen und Anspannungen ausbrechen. Die beste Art damit umzugehen ist und bleibt eine gewisse Portion Humor.

„So wie die anderen"

Einer meiner Kernbotschaften, die ich unbedingt noch an die Leser bringen will ist, dass es „das richtige Weihnachten" nicht gibt. Weihnachten ist zum Glück auch ein individuelles Fest, bei dem gewisse familiäre Rahmenbedingungen und Traditionen auch eine Rolle spielen müssen – ganz so wie es medial vermittelt wird.

Reiner Medienkonsum

Fernsehen an Heiligabend ist für mich absolutes Tabu. Daher kann ich auch nicht viel anfangen mit Leuten, die sich über das Weihnachtsfernsehprogramm beschweren, wie vor einigen Jahren, als einige „Stirb Langsam"-Filme am Programm standen. Zu Weihnachten schaue ich sowieso nicht fern, deswegen kann es mir vollkommen egal sein, ob „Stirb Langsam", „Terminator" oder „Sound of music" laufen.

Ungeduld

Warten hat aber etwas mit Geduld zu tun und ist wahrscheinlich deswegen in unserer Zeit eine vergessene Tugend. Man kann unsere Kultur getrost kennzeichnen als Kultur der absoluten Verfügbarkeit. Man will alles haben und zwar sofort! Logischerweise hat das Internet das Bedürfnis zu warten massiv beeinflusst. Dabei weiß man doch schon längst, dass vor allem Kinder, die im Warten und in der Geduld etwas geschult werden, später eine weitaus größere Frustrationstoleranz und mehr Selbstvertrauen als jene haben, die in Kindertagen immer alles sofort bekamen. Dabei sind Kinder von Haus aus wesentlich geduldiger als wir. Hätten Kinder die Geduld eines Erwachsenen, so würden sie wohl nie laufen lernen.

Warten wird als etwas Negatives gesehen, weil es oft als verschwendete Lebenszeit gesehen wird. Sind wir damit konfrontiert, so löst dies meist Aggression aus. Bei mir ist dies vor allem beim Autofahren ausgeprägt, am eklatantesten im Stau, wenn ein Ende des Wartens und der Grund desselbigen eben nicht abzusehen ist.

Davon ist aber das Warten auf Weihnachten stark abzugrenzen. Denn gerade der Advent ist ja eine große ErWARTung. Es geht auf ein Ziel zu, dass sicherlich eintritt und auf das sich das Warten lohnt.

Stress

Das vor allem Erwachsene früher besser zur Ruhe gekommen sind, ist wohl auch kaum zu leugnen. Natürlich war auch in vergangenen Tagen in der Vorweihnachtszeit nicht wenig zu erledigen, aber irgendwann einmal war dann eine bewusst gesetzte Ruhezeit.

Heute ist dies schwerer möglich, denn innerlich sind viele Menschen permanent unentspannt und mit den Gedanken nicht mehr in der Gegenwart, sondern bei einem unerledigten Projekt, bei der Arbeit oder sonst wo. Und überlegen Sie einmal selbst: Wann war Ihnen das letzte Mal langweilig? Für so etwas ist heute weder die Zeit noch so wirklich die Möglichkeit, denn es gibt doch immer etwas zu tun. Ich glaube schon, dass wir heute genauso viel Zeit mit der Familie verbringen wie vor 40 Jahren, aber es geht um die qualitative Zeit. Ich weiß das nur zu gut, denn ich bin Experte für solche Dinge.

Nur Kinder bemerken dies relativ schnell, denn sie erleben die Eltern ständig am Limit. Vor allem bei Kleinkindern überträgt sich die Anspannung der Eltern und sie werden auch früher oder später motorisch unruhig.

SCHLECHTE GESCHENKE

Die Enttäuschung über das falsche Geschenk gibt es bei Kindern und Erwachsenen. Ehrlichkeit gepaart mit einer gewissen Diplomatie sind weitaus besser als eine gespielte Freude. Vielleicht kann man ja auch vereinbaren, gemeinsam nach den Feiertagen nach einem geeigneterem Geschenk, mit dem man mehr Freude hätte, zu suchen.

ÜBERSTEIGERTE ERWARTUNGEN

Kein anderes Fest ist in unserem Kulturkreis dermaßen mit so hohen Erwartungen verbunden wie Weihnachten. Doch eines sollte uns aber klar sein: Nur weil am Kalender der 24. Dezember zu sehen ist, verschwinden weder Krankheit noch Sorgen, weder Trauer noch Streitereien. Es ist nicht alles perfekt. Man bleibt derselbe Mensch mit allen Fehlern, Eigenheiten und Stärken. Aber genauso pur und originell/original dürfen wir uns zu Weihnachten (und sonst auch jeden Tag) von Gott angenommen fühlen.

WEIHNACHTEN AUSPACKEN
GESCHENKE

GESCHENKE

VON DER KRAFT DES SCHENKENS

GESCHENKE ALS KONSUMHIT

Stellen Sie sich einmal Weihnachten ohne Geschenke vor. Kaum möglich, oder? Dabei kam das Weihnachtsfest die längste Zeit ohne diesen Brauch aus – durchaus erfolgreich möchte man meinen.

Dass sich aus der weihnachtlichen Schenkerei längst einer der wichtigsten Stützen für unsere Wirtschaft gebildet hat, ist klar. Während der Vorweihnachtszeit ist der Zuwachs an Paketlieferungen der Post in den letzten Jahren im zweistelligen Prozentbereich gewachsen. Es werden täglich bis zu einer halben Million Pakete zugestellt. Dazu kommen nicht gerade wenig Weihnachtskarten (zwischen 15 und 20 Millionen) und natürlich jede Menge Postwürfe und Werbesendungen. Man ist in dieser Zeit natürlich auch damit konfrontiert, möglichst viel und günstig zu konsumieren. Die Anzahl der angebotenen Rabattaktionen steigt rapide an. Vom Cyber Monday über den Black Friday bis zu den personalisierten Rabatten von Supermarktketten, die per Post verschickt werden.

So schön und so verlockend solche Angebote sind, desto ambivalenter erscheinen sie gerade in der Vorweihnachtszeit: Es herrscht ein subtiler Zwang zu konsumieren, da ja nach Weihnachten wieder alles teurer zu werden scheint. Daher muss man zuschlagen und zwar sofort! Dementsprechend beobachtet die Wirtschaft das Weihnachtsgeschäft mit Argusaugen. Es werden bereits im Sommer erste Prognosen für die Entwicklung abgegeben und spätestens ab dem dritten Adventsamstag gibt es die Vergleiche zum Vorjahr, die Entwicklung der Einkaufssamstage und dann daraus die Ableitungen welche Branchen besonders viel oder wenig verkaufen und was das für die Wirtschaft (und damit natürlich für uns) bedeutet. Die Wirtschaft rechnet uns einen Wert von 4 Milliarden aus, den die Österreicher 2017 für Geschenke ausgegeben haben. Angeblich stammen übrigens 60% aller Weihnachtswaren aus der ostchinesischen Stadt Yiwu. Dort gibt es mehr als 750 Fabriken – die haben dort Weihnachten das ganze Jahr über. Unter wohl zweifelhaften Bedingungen. Aber offensichtlich hat der Weihnachtsmann seine Hauptproduktionsstätte vom Nordpol nach Ostchina verlegt, wohl aus Kostengründen.

Sollten Sie sich zurecht über die immer größer werdende Kommerzialisierung von Weihnachten aufregen, so muss ich Ihnen leider mitteilen, dass Sie sich damit hinten anstellen dürfen. Schon vor über 100 Jahren hat man sich darüber echauffiert. Vor allem die Katholische Kirche wurde auch damals schon nicht müde, den eigentlichen Sinn von Weihnachten in die Mitte zu stellen (anstatt der Geschenke und der ausgelassenen Feierkultur).

Die immer größer werdende Fülle an Geschenken kann aber nicht darüber hinwegtäuschen, dass bei nicht wenigen Menschen trotzdem keine rechte Stimmung an Heiligabend aufkommen will. Es ist ja ganz logisch und nicht unbedingt von vornherein schlecht, dass die Konsumgesellschaft nicht vor Weihnachten halt macht. Bevor wir nun selbst in das konsumkritische Schimpfen über zuviel Geschenke und Oberflächlichkeit einstimmen, sei doch auch erwähnt, dass das Schenken ja dem Schenker selbst eine große Freude bereitet. Und es ist nur natürlich, dass man seinen Kindern möglichst viel Freude bereiten will. Problematisch wird dies, wenn es zu Weihnachten etwas ausartet. Bei manchen Geschenken beschenkt sich der Schenker eigentlich selbst, sei es durch das neueste LEGO, welches man eigentlich als Kind schon gern gehabt hätte, und nun endlich ohne schief angesehen zu werden mit seinem Kind spielen kann. Es ist dies ein Moment auf den man gute 15 Jahre gewartet hat, denn nun ist man plötzlich ein guter Vater beim Lego spielen, während man ohne Kind wohl nur ein Freak gewesen wäre. Nicht ganz zu Unrecht beschleicht Sie nun vielleicht das Gefühl, die letzten Zeilen beinhalten viel autobiographisches Material.

SCHENKEN GEHÖRT DAZU

Geschenke gab es natürlich schon immer. Institutionalisiert waren sie teilweise bei den römischen Saturnalien, wenn manchen Sklaven Geschenke gemacht wurden. Für Weihnachten dienen vor allem die Geschenke der Sterndeuter als Vorlage für das gegenseitige Schenken. Ähnlich wie beim Christbaum ist auch bei den Geschenken die Stadt Straßburg ein richtiger Trendsetter: 1625 sind Geschenke bei Weihnachtsumzügen erwähnt. Bei sogenannten „Bescherspielen" kam es durchaus zu heftig kritisierten Auswüchsen – weniger was die Geschenke betraf, sondern eher was Ausschreitungen wie bei heutigen Krampusläufen, angeht. Unser vertrautes Geschenkspackerl gibt es ab ca. 1800. Seit damals ist Weihnachten ein „Geschenkefest" bzw. die große Gelegenheit einerseits seinen Lieben etwas darzubieten und andererseits seinen Pflichten nachzukommen. Ja, Geschenke zu machen war mancherorts damals wie heute eine Pflicht. Als Naturallohn vor dem bevorstehenden Wechseln eines Knechtes oder einer Magd etwa. Dies waren zumeist alltagstaugliche Geschenke wie Schuhe oder Kleidungsstücke oder aber auch kleine Nutztiere. Wobei das ja eigentlich gar keine Geschenke sind, sondern im Gegenteil: Der „Schenker" verzichtet auf das reguläre Bezahlen in monetärer Form zugunsten von meistens leichter verfügbareren Waren.

Symbolisch kann man Geschenke und Weihnachten durchaus zusammenbringen: Denn durch die Geburt Jesu schenkt Gott sich selbst dem Menschen. Sollte Ihnen diese Argumentation zu weit hergeholt sein, so müssen wohl die Sterndeuter aus dem Osten als Legitimation fungieren. Denn sie brachten dem Kind in der Krippe bekanntlich drei Geschenke, die ohne jeden Zweifel sehr wertvoll, aber doch etwas eigenartig waren. Aber das hatten wir schon im Kapitel über die Heiligen Drei Könige.

WAS SOLL ICH BLOSS SCHENKEN?

Geschenke selbst sind ja etwas Großartiges und je mehr man einen Menschen lieb hat, desto größer ist das Bedürfnis ihn zu beschenken. Hier geht es einfach darum, dem anderen eine Freude zu machen und ihn glücklich zu sehen. Die schwierigste Frage, die sich die meisten Menschen stellen müssen ist: Was kann ich einer Person schenken, die ohnehin alles hat? Machen Sie einen Selbsttest: Muss ein Geschenk wirklich möglichst teuer sein, um etwas zu gelten bzw. dass Sie sich parallel mit dem Preis verlaufend darüber freuen – je teurer, desto glücklicher? Glaubt man den Menschen, so macht sie weniger der Wert eines Geschenkes glücklich, sondern vielmehr die Tatsache, dass sich jemand Gedanken über einen macht und sich dies im Geschenk widerspiegelt. Daher überrascht es nicht, dass regelmäßig ganz oben in der Geschenkehitparade persönliche Gegenstände wie Fotokalender oder Fotoalben stehen. Und das muss gar nicht so schwer sein: Das Versenden von Glückwunschkarten etwa ist eine gute Möglichkeit, sich mit Menschen auseinanderzusetzen, von denen man vielleicht lange nichts mehr gehört hat oder mit denen man sich zerstritten hat und ihnen nun vielleicht die Hand entgegenstreckt.

Ich bin immer etwas skeptisch, wenn ich Sprüche wie „Das wertvollste Geschenke ist Zeit" und so höre. Ist es wirklich so, dass Kinder die größte Freude haben mit Geschenken, die man nicht für Geld kaufen kann – also vor allem mit Zeit? Das kommt sowohl auf die Sozialisierung der Kinder an als auch auf das Alter selbstverständlich. Denn in einem gewissen Alter ist das Zeitverbringen dürfen mit den Eltern wohl eher eine Strafe denn ein Geschenk. Und irgendwie ist „Zeit" zwischen Eltern

Mittlerweile untrennbar miteinander verbunden: Weihnachten, Kinder und Geschenke. Wir alle sind noch vom Weihnachtszauber unserer Kindertage geprägt.

und Kinder ja eigentlich eh selbstverständlich und muss nicht extra verschenkt werden. Oder bin ich da zu naiv?

Vermutlich gilt bei Geschenken zuallererst die Frage: „Was macht mein Kind wirklich glücklich?" Sind es wirklich möglichst viele Geschenke? Ich denke, dass Kinder in früheren Zeiten nicht unbedingt unglücklicher waren, nur weil sie weitaus einfachere Geschenke und vor allem weniger als heute bekommen haben (sofern sie überhaupt Geschenke bekommen haben). Und auch wir, die wir dem kindlichen Alter mittlerweile entwachsen sind, haben wohl allesamt früher auch keine Lawine an Geschenken bekommen. Und trotzdem ist die Erinnerung an die vergangenen Heiligabende eine sehr behagliche.

Es reicht allerdings auch schon ein Selbsttest: Welche Geschenke der letzten sieben Jahre sind Ihnen im Gedächtnis geblieben? Welche haben uns wirklich auch jenseits des dem Anstand geschuldeten „oh wie schön, total nett, danke" intensiv erfreut? Das werden wohl so viele nicht gewesen sein, sonst könnten wir uns wohl an alle Geschenke, die wir in den letzten sieben Jahren bekommen haben, erinnern. Weise Worte, die aber auch bei mir nicht wirklich funktionieren. Schließlich versucht man bei Kindern seine Liebe auch durch möglichst viele Geschenke Ausdruck zu verleihen.

Dass Glück aber offensichtlich nicht in einen direkten Zusammenhang steht mit der Quantität der Geschenke, kann man allein schon daran erkennen, dass Kinder heute in einem mit Spielsachen prall gefüllten Spielzimmer nicht automatisch glücklicher sind als die Kinder früherer Tage, als dies gesellschaftlich oder pekunär bedingt noch nicht der Fall war. Psychologen raten, dass ein Kind nicht mehr als 5 Spielsachen benötigt, da es sich so besser auf Dauer beschäftigen kann. Wenn hingegen zu viele Spielsachen zur Auswahl stehen, fällt es dem Kind schwer sich länger mit einer Sache oder einem Spielzeug zu beschäftigen. Es springt viel mehr zwischen den einzelnen Spielsachen hin und her. Darüber hinaus sei nicht unerwähnt, dass zu viele Spielsachen unbewusst auch Stress erzeugen, weil man ja alles irgendwie nutzen will oder sollte – so zumindest die Theorie, die sich leicht schreibt und liest, aber nicht ganz so leicht umsetzen lässt.

Ich denke, dass gerade Kinder das Beschenken lernen sollen, das heißt, dass auch sie anderen ganz bewusst eine Freude machen sollen. Die Frage wird freilich sein, ob dies mit dem Gedanken des Christkinds kompatibel ist, nämlich mit der Frage, wer nun wirklich die Geschenke bringt. Denn das Kind wird sehr schnell kapieren, dass es nicht das Christkind sein kann, wenn es selbst ein Geschenk einpackt.

Die Bescherung

Im Mittelhochdeutschen meinte bescheren soviel wie zuteilen oder verhängen. Früher fand sie zumeist erst nach der Weihnachtsmette statt. Dies wurde aber aus praktischen Gründen, da vor allem kleine Kinder gar nicht so lange aufbleiben können, schließlich vorverlegt. Die Bescherung selbst gewann mit dem Erstarken des Bürgertums im 19. Jahrhundert eine immer größere Bedeutung. Und so rückten die religiösen Bräuche zugunsten der Geschenke in den Hintergrund.

Gerade wenn es um die Bescherung geht, sollte dies auch ein wenig zelebriert werden. Wenn etwa alle gleichzeitig ihre Geschenkpakete aufreißen, so ist diese unendlich lang herbeigesehnte Sache in drei Minuten vorbei. Schade eigentlich. Wenn man die Sache hingegen etwas zelebriert und in die Länge zieht, ja etwas feierlicher gestaltet und etwa jedes Familienmitglied erst einmal hintereinander jeweils ein Geschenk aufmacht, so lernen auch Kinder etwas Geduld und Vorfreude. Dass es sinnvoll ist, die Geschenke für Kinder ihrem Entwicklungsstand entsprechend auszuwählen, soll auch nicht unerwähnt bleiben. Gerade bei Kleinkindern sind Gegenstände für die Motorik gut, später schon diverse Spiele und für größere Kinder auch Spiele mit Siegern und Verlierern. Gerade für den Heiligabend bietet es sich an, gemeinsam noch Gesellschaftsspiele zu erproben.

Allzu viele Zeitschriften propagieren, dass die Geschenke nicht im Vordergrund stehen sollten. Aber ist nicht gerade die Bescherung fast immer der eigentliche Hauptakt des Weihnachtsfestes – vielleicht auch weil sie mit der meisten Emotion verbunden ist, sowohl beim Beschenken als auch beim Beschenkt werden? Jeder der selbst Kinder hat wird wissen: Es lohnt sich jeder Aufwand, den man betreibt, um Kinder dann glücklich zu sehen. Und tatsächlich zählt Weihnachten normalerweise

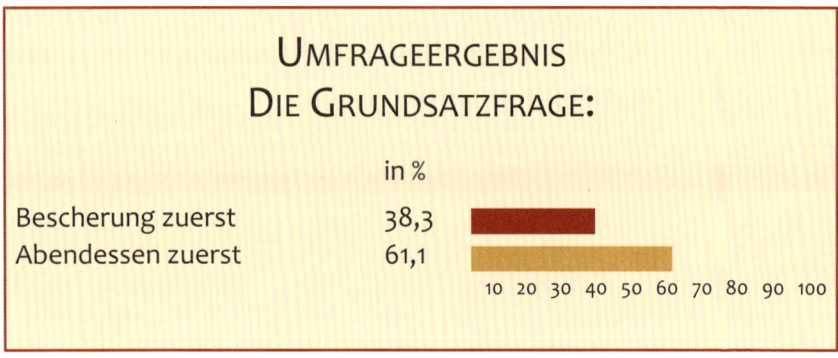

zu einer der ersten Erinnerungen unseres Lebens. Und auch sie, verehrte Leser, werden sich sicher an so manches Weihnachtsfest in ihrer Kindheit (und sei es auch noch so lange her) erinnern.

Eine ganz klare Mehrheit von 61,1 % sprach sich in der Grundsatzfrage, ob die Bescherung oder das Abendessen an Heiligabend zuerst begangen wird für das Abendessen aus. D.h. zuerst wird aufgetischt und gegessen, dann wird der Baum entzündet bzw. werden die Geschenke aufgemacht. Wer weiß: Vielleicht schmeckt das Essen sogar noch besser, wenn man das Schönste noch vor sich hat?

Die Gabenbringer

Kaum etwas ist in unserer Umfragte so eindeutig, wie die Frage, wer die Geschenke bringt. Das Christkind siegt in Niederösterreich mit einer überwältigenden Mehrheit von 85,7%. Der Weihnachtsmann ist mit 4,3% sogar noch hinter jenen, die sich einem der offiziellen Gabenbringer verweigern. Dies sind immerhin 9,4%. Dieses Ergebnis war zwar auf der einen Seite zu erwarten, aber auf der anderen Seite zeigt es doch, dass den Medien in dieser Frage nicht zu viel Glauben geschenkt wird. Denn was Werbung und Öffentlichkeitsarbeit betrifft, so hat der Weihnachts-

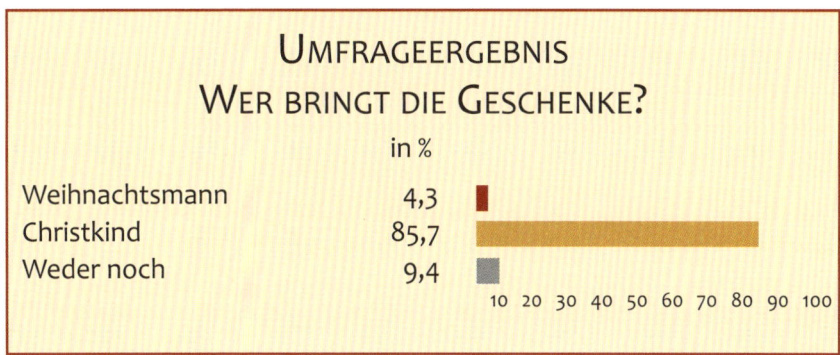

mann die Nase vorne. Santa Clause und seine Ableger begegnen uns weitaus häufiger als das Christkind, was sich aber nicht auf die heimische Bescherung auswirkt.

Der Nikolaus

Schon bald wurde der Nikolaus zum Gabenbringer sowie zum Patron der Seefahrer und Gefangenen. Seine Verehrung erstreckte sich zu Beginn in den ersten Jahrhunderten hauptsächlich auf den Süden Europas und natürlich auf sein Herkunftsgebiet in Kleinasien. Ab dem 12. Jahrhundert beginnt seine Popularität im westlichen und nördlichen Europa zu wachsen.

In der frühen Neuzeit war der Dezember dann von zwei Hauptfesten geprägt: Dem Christtag natürlich und dem Nikolaustag am 6. Dezember. Beide Tage waren weniger wie heute Feiertage im privaten Bereich, sondern öffentlich mit Umzügen und Musik. Beim Nikolaustag verkleideten sich auch Kinder als Nikolaus.

Dass dieser Tag so populär wurde, lässt sich auch damit erklären, dass schon seit dem 12. November, also gleich nach dem St. Martinstag, die

40 Tage Fastenzeit vor Weihnachten begannen. Diese hatte man zu einem guten Teil hinter sich und so bildete der 6. Dezember eine festliche und kulinarische Insel in der Fasten-Vorweihnachtszeit.

Als Schutzpatron der Kinder ist es nur allzu selbstverständlich, dass diese am Nikolaustag auch beschenkt wurden. Denn da Weihnachten in erster Linie ein religiöses Fest war, war der Nikolaus der erste und zunächst einzige Gabenbringer. Vereinzelt gab es dann auch Geschenke am Tag der unschuldigen Kinder am 28. Dezember. Dass der Nikolaus von Haus zu Haus zu Kindern kommt, um diese zu loben oder zu tadeln, lässt sich für das 17. Jahrhundert erstmals bezeugen.

Alleine die Tatsache, dass es zu Weihnachten die meiste Zeit gar keine Geschenke gab bzw. diese ja drei Wochen zuvor vom Nikolaus gebracht wurden, zeigt den Stellenwert des Festes im Vergleich zu heute.

Der beliebte Spekulatius leitet sich übrigens vom „speculator" her ab, was „Aufseher" bedeutet und eine lateinische Bezeichnung für Bischof war. Und auch die Motive darauf sind meist Szenen aus den Nikolauslegenden.

Laufpass für den Nikolaus

Die Wurzeln des Christkindes liegen freilich bei Martin Luther und dem Protestantismus. Dieser machte seinem Namen alle Ehre und protestierte nicht nur gegen die Heiligenverehrung der römischen Kirche, sondern schaffte diese auch weitestgehend ab. Diese Heiligenverehrung erlebte gerade im Mittelalter einen unglaublichen Boom. Und Nikolaus war ein ungemein populärer Heiliger, zumal sein Festtag oft als Vorwand für alle möglichen Arten der Ausschweifungen (vor allem alkoholischen Natur) hergenommen wurde. So verwundert es nicht, dass der gute Nikolo ein dankbares Feindbild für den Theologieprofessor aus Wittenberg wurde.

Das heißt auf gut deutsch: Der Nikolaus muss weg! Aber was tun wir dann mit den Kindern? Ganz ohne Geschenke dastehen lassen? So weit wollte nicht einmal Martin Luther gehen. Das Bedürfnis nach einem Geschenkebringer blieb bestehen.

Hier muss gesagt werden, dass Luther selbst in früheren Tagen eine starke Heiligenverehrung praktizierte. Und selbst 1530 – also in der reformatorischen Hoch-Zeit wurde noch das Nikolausfest zu Hause bei den Luthers gefeiert. Wir haben Belege, dass Luther auch noch 1530 Nikolausgeschenke für seine Kinder kaufte. Von einem radikalen Bruch kann also nicht die Rede sein. Zwischen 1526 und 1534 wurde er sechs mal Vater und wollte seinen Kindern eine Alternative zum Nikolaus geben. Allerdings war sich Luther bewusst, dass dies nicht allzu radikal vonstatten gehen kann. Er meinte (ungewohnt besonnen), man müsse dabei Rücksicht nehmen auf diejenigen, die die Heiligen noch brauchen, das heißt man sollte sich nur langsam davon abkehren. Und so gibt es erst ab 1535 im Hause Luther einen Anderen als Geschenkebringer.

Um die Freude der Kinder über die Geburt Christi subtil zu vergrößern, bringt Luther im Namen des „Heiligen Christ" seinen Kindern zu Weihnachten die Geschenke. Allerdings ist dieser heilige Christ nicht gleichzusetzen mit dem Kind in der Krippe. Damit war Jesus Christus gemeint aber nicht unbedingt das neugeborene Jesuskind – eine paradoxe Situation. So schuf Martin Luther eine neue eigenständige Figur. Eine genaue Definition, wer denn nun dieser Gabenbringer tatsächlich ist, gibt es aber auch bei Luther nicht.

Im Lauf der Zeit verselbständigte sich dieser „Heilige Christ" zu einem Christkind und etwaige Verbindungen zu Jesus Christus wurden immer schwammiger. Das Christkind bekam immer engelsgleichere Züge und verbreitete sich zunächst logischerweise im evangelischen Teil Deutschlands.

Wenn nun nicht mehr der Nikolaus, sondern eben der heilige Christ die Geschenke bringt, so liegt es nahe, dass allfällige Bescherungen vom 6. Dezember zum 24. und 25. Dezember wandern. Die Beschenkung von Erwachsenen setzte sich mit der Biedermeierzeit im 19. Jahrhundert durch.

Doch der Brauch des Christkinds als Gabenbringer für Groß und Klein hat auch einen theologischen Background. Natürlich ging es bei der Entmachtung des Nikolaus als Gabenbringer um die Begleiterscheinungen wie Alkoholexzesse. Wichtiger war dem Protestantismus aber die Rolle der Heiligen. Aus der Sicht Luthers ging das Heil allein von Gott aus und bedarf weder eines Priesters noch eines Heiligen, ja nicht einmal der Kirche als Heilsvermittler. Jeder Christ ist selbst Heiliger und Sünder zugleich. Da Nikolaus zu den populärsten Heiligen zählte, stand er quasi paradigmatisch für diese Entwicklung.

VOM BABY ZUR LOCKIGEN BLONDINE

Ist das Christkind nun das Jesuskind oder ein Engelchen oder eine blonde Schönheit mit lockigem Haar? Diese Frage lässt sich tatsächlich gar nicht so eindeutig beantworten.

Ich glaube nicht, dass Luther als er den „Heiligen Christ" als Gabenbringer für seine Kinder installierte, eine hübsche und gelockte Blondine im Sinn hatte und wohl auch kein kleines pummeliges Engelchen. Für Luther war es schlicht und ergreifend Jesus selbst, den der Reformator ja zulasten der Heiligen stärker ins Zentrum und Bewusstsein der Gläubigen stellen wollte. Gelungen ist ihm das in Bezug auf das Gabenbringen zu Weihnachten offensichtlich nicht wirklich.

Jesusfiguren aus Wachs, die sogenannten „Fatschenkinder" wurden zum Vorbild: Hier nahm man schon im Mittelalter die Bibelstelle vom in Windeln gewickelten Kind heran. Vom Lateinischen „fascia" (Binde oder Wickelband) kommend, ist das Fatschen eine Tragemethode, bei dem man das ganze Kind wie eine Mumie mit einer Windel oder Bändern umwickelt. Bis in das 19. Jahrhundert war dies üblich, danach geriet es in Vergessenheit. Erst in den letzten paar Jahren wurde es wiederentdeckt und erlebt bei Müttern und Vätern unter dem Begriff „pucken" eine Wiedergeburt.

Auf jeden Fall waren solche Puppen in jeder Krippe als Jesuskind präsent und wurden von Kindern zur Weihnachtszeit (hoffentlich) liebevoll

herumgereicht. Das Christkind bekam auch immer weiblichere Züge. So gibt es heute kaum mehr Darstellung die ein männliches Christkind zeigen würden. Wäre es nicht extrem irritierend ein Christkind mit Vollbart und Brusthaar vor sich zu haben?

Das Problem heute ist, dass das Christkind eben ein Mischprodukt mit verschiedenen Vorstellungen ist. Alleine die Tatsache, dass das Christkind den Nikolaus ersetzt und damit die Geschenke bringt, gleichzeitig aber bei uns zumindest die Hirten und vor allem die Heiligen Drei Könige als die eigentlichen Geschenkebringer ablöst, zeigt dies recht deutlich.

Wie sehr das Christkind aber doch an unserem Herzen rüttelt, konnte man in der Adventszeit 2016 erkennen: Ein niederösterreichischer Pfarrer der Erzdiözese Wien erklärte den Kindern, dass nicht das Christkind die Geschenke unter den Baum lege, sondern die Eltern. Ein gigantischer Shitstorm war die Folge, der Pfarrer war mit sehr vielen Beschimpfungen konfrontiert – medial wurde gleich getitelt, dass der Pfarrer die Existenz des Christkinds verneine. Sogar Kardinal Schönborn musste sich hinter den Pfarrer stellen. Trotzdem stellt sich die Frage, ob der Pfarrer tatsächlich so falsch lag, vor allem durch die weihnachtsmännliche Konkurrenz. Offensichtlich regen sich deswegen so viele Leute über das Wegfallen des Christkindes auf, weil es möglicherweise noch ein letztes Festklammern an den alten Bräuchen ist. So wäre spannend zu sehen, wie viele wirklich auch religiöse Bräuche zu Weihnachten begehen und zwar nicht bloß, weil es dazu gehört, sondern aus Überzeugung. Die Affäre rund um den Pfarrer gibt zu denken, dass es tatsächlich einen achtsamen Umgang mit Weihnachten und Kindern sowie den Geschenkebringern geben sollte. Das Christkind genauso wenig wie den Nikolaus als pädagogische Strafmaßnahme zu missbrauchen nach dem Motto „wenn du nicht brav bist, bringt das Christkind nichts" fällt hier in diese Kategorie. Vielleicht sogar noch schlimmer sind allerdings Aussagen wie „wenn du nicht brav bist, nimmt dir das Christkind die Geschenke wieder weg". Hier bedarf es wirklich eines pädagogisch umsichtigen Umgangs mit Christkind, aber auch dem Nikolaus.

Logischerweise war der Übergang vom Nikolaus zum Christkind ein Jahrzehnte dauernder Prozess und das Christkind löste in evangelischen Gegenden den Nikolaus Schritt für Schritt ab. Doch der neue Gabenbringer machte auch vor den katholischen Landesgrenzen nicht halt und breitete sich bald im Süden Deutschlands, in Österreich, der Schweiz, Tschechien und Ungarn, Slowenien und Kroatien – kurzum: in ganz Mitteleuropa – aus. In katholischen Bereichen wurde der heilige Christ aber schnell mit dem Jesuskind gleichgesetzt.

Im Zuge der Gegenreformation kommt es dann natürlich zu einer Wiederbelebung des Nikolauses. Die Situation scheint heute paradox. Während in stark protestantisch dominierten Gegenden der aus dem Katholischen kommende Nikolaus in all seinen Varianten die Geschenke bringt, ist es in katholischen Gegenden das eindeutig protestantische geprägte Christkind. Seit Ende des 20. Jahrhunderts gibt es wieder Bestrebungen dem Christkind gegen den amerikanisierten Weihnachtsmann auf die Sprünge zu helfen und sich dieser Tradition wieder anzunehmen.

Vom Nikolaus zum Santa Claus

Erst im Lauf der Zeit wurde der Nikolaus tatsächlich bekämpft, indem man etwa die Nikolaus-Umzüge verboten hat und vor allem das Bringen der Geschenke an einen anderen Tag verlegte. Doch Nikolaus ist nicht nur ein guter Mann, er ist auch ein sehr hartnäckiger. Es kann gar nicht die Rede davon sein, dass er gänzlich aus den protestantischen Gebieten verschwunden ist – er hat sich nur getarnt und taucht in anderer Art und Weise wieder auf. Als alter Mann bzw. als Herr Winter oder als Knecht Ruprecht oder dann als Weihnachtsmann und Santa Claus tauchen Elemente von ihm in veränderte Art und Weise bald wieder auf. Und das oft in Kooperation mit dem Christkind, die sich gegenseitig offensichtlich gut ergänzen.

Moritz von Schwind schuf 1854 einen Bilderbogen in München und zeigte hier den „Herr Winter", der dann Vorbild für den künftigen Weihnachtsmann wurde. Es waren wohl Migranten aus Deutschland, die den Nikolaus nach Amerika brachten. Dort gab es Thomas Nast (1840–1902), der den Nikolaus als kleinen Zwerg beschrieb, der auf Rentieren auf einem Schlitten daherkommt. Diese Zeichnungen erschienen zwischen 1863 und 1886 für die Zeitschrift Harper's Weekly. Ein erstes Bild erschien in der Weihnachtsausgabe am 3. Januar 1863. Vorangegangen war eine Zeichenblockade, die Nast durch ein Gespräch mit seiner Schwester Bertha überwand. Inspiriert von Gesprächen über die weihnachtliche deutsche Heimat und die Unterschiede zwischen dem deutschen Pelzmärtel (oder Pelznickel) und dem amerikanischen Santa Claus, zeichnete er einen Weihnachtsmann in Stars and Stripes gekleidet, der Soldaten (wir hatten ja damals den Bürgerkrieg) mit Schlitten, Rentieren und Geschenken besucht. Besonders makaber: Eines dieser Geschenke ist ein Hampelmann, der Jefferson Davies zeigt, den Präsidenten der Konföderierten, und zwar offenbar mit einem Strick um den Hals.

Die weiteren Zeichnungen wurden von Clement Moore (1779–1863) und dessen Gedicht „Twas a Night Before Christmas" inspiriert. Und so entstanden danach noch 76 weitere Holzschnitte und Zeichnungen. Und hier ist dann schon alles vertreten, was man vom amerikanischen heutigen Santa Claus kennt: Schlitten, Rentiere, eine Geschenke-Werkstatt, Elfen, die Socken füllen – und das alles am Nordpol.

Warum Socken? In den Niederlanden stellte man für den Sinterklaas am Nikolausabend Holzschuhe auf, die mit Stroh und Heu für die Rentiere des heiligen Mannes gefüllt wurden. Als Gegengabe empfing man in der Früh Süßigkeiten. Ein Relikt davon ist es nach amerikanischer Tradition die leeren Socken an den Kamin zu hängen. Allerdings ohne Inhalt.

Und noch was zu den Rentieren: Bei den allseits bekannten Rentieren des Santa Claus handelt es sich im Übrigen um weibliche Rentiere, denn männliche werfen ihr Geweih schon im Herbst ab. Die Weibchen (übrigens die einzige Hirschart, bei denen Weibchen auch ein Geweih tragen) tragen ihr Geweih bis ins Frühjahr. Dementsprechend sind Santa Claus Rentiere entweder kastriert oder weiblich. So viel zu Rudolf: rote Nase, aber keine Hoden mehr.

Dass der Santa Claus in seiner heutigen Erscheinung eine Erfindung von Coca-Cola ist, ist zwar allseits bekannt, aber nur die halbe Wahrheit. Bereits Thomas Nast wählte zur Kolorierung seiner Zeichnungen die Farben Rot und Weiß. Diesen roten Mantel trug der „Heilige" schon 1822 bei Clement Clarke Moore. Und 8 Jahre vor Coca-Cola verwendete schon die Firma White Rock Beverages diesen Weihnachtsmann als Werbesujet. 1931 ließ Coca-Cola den Künstler Haddon Sundblom eine Anzeige für den heiligen Nikolaus entwerfen der als Vorbild die Karikaturen von Nast nahm. Das Ergebnis ist bekannt: die Farben rot, grün und gold kombiniert mit einem bärtigen dicken alten Mann, der ein kleines Mädchen an sich drückt und ihm Coca-Cola anbietet.

Wie ein Bumerang kommt diese eigentümliche Form des Weihnachtsmannes aus Amerika wieder zurück nach Europa und hat ebenfalls viele Geschenke mit dabei. Die massiven Marketingmaßnahmen der Coca-Cola-Company taten den Rest in der Verbreitung.

ALTERNATIVEN

Nun sollte schon auch noch erwähnt werden, dass der Weihnachtsmann keineswegs standardisiert ist. Er hat in den verschiedenen Ländern auch höchst unterschiedliche Erscheinungsformen. Als Sinterklaass in den Beneluxländern, als Père Noël in Frankreich, Father Christmas in England, als Tannenbaumbringender Samichlaus in der Schweiz oder als finnischer Joulupukki. Aber alle diese Erscheinungsformen werden mehr und mehr mittlerweile vom amerikanischen Santa Claus assimiliert.

Selbst das russische Väterchen Frost kann sich von seinem ungefähr gleich alten amerikanischen Kollegen nicht gänzlich emanzipieren. Begleitet wird er immerhin von seiner Tochter oder Enkelin mit Namen Snegurotschka oder vom weiblichen Schneeflöckchen und vom männlichen Neujahr. Er kommt erst am 31. Dezember. Logischerweise für russische Verhältnisse treten sie mit Pelzmütze und Pelzmantel (in roten, blauen oder weißen Farben) und russischen Filzstiefel auf und auch ein Eiszapfen darf selten fehlen. Der Schlitten wird nicht von Rentieren, sondern von drei weißen Pferden gezogen. Auch Väterchen Frost beschenkt die Kinder, bestraft aber die unartigen Kinder nicht, sondern bringt ihnen nur einfach keine Geschenke.

In Spanien erübrigt sich die Diskussion ob Nikolaus, Weihnachtsmann oder Christkind. Die Geschenke bringen – durchaus nachvollziehbar – die heiligen drei Könige.

In Dänemark erledigt dies der Julemand und wird dabei von einem Wichtel unterstützt, den man Nisser nennt. In Italien gibt es gleich mehrere Gabenbringer. Man will dort weder auf Nikolaus noch Lucia verzichten, es gibt allerdings auch Baninello Gesu oder die originelle Hexe Befana. Diese versäumte nach der Botschaft der Hirten den Stern, der die Könige leitete und war darauf angewiesen, mit dem Besen in der Nacht von 5. auf 6. Jänner von Haus zu Haus zu fliegen, auf der Suche nach dem Neugeborenen. Ihr Name leitet sich übrigens von Epiphanie ab.

In Portugal oder der Slowakei bringen Hirten die Geschenke, im Baltikum mitunter Kobolde.

Die 13 Weihnachtszwerge von den Bergen sind es, die seit Jahrhunderten in Island die Geschenke bringen. Ursprünglich waren dies wohl Trolle, die sich im Zuge der Christianisierung langsam in kleine Weihnachtsmänner verwandelten. Von 12. bis 24. Dezember kommt jeden Tag ein anderer dieser Weihnachtszwerge, ab 25. reisen sie dann wieder ab. Dementsprechend hat der isländische Adventskalender auch nur 13 Fenster.

WEIHNACHTEN NACHFEIERN

DIE WEIHNACHTSFEIERTAGE

DIE WEIHNACHTSFEIERTAGE

Entgegen der allgemeinen Stimmung beginnt die Weihnachtszeit mit dem 24. Dezember, sie endet nicht mit diesem. Doch dem Trend folgend hält die Weihnachtsstimmung zumeist bis zum 26. Dezember, vielleicht sogar bis Neujahr, an. Aber meist wird auch gleichzeitig mit dem Befördern der Verpackungen in den Papier- und Plastikmüll die Weihnachtsstimmung ebenso entsorgt.

Hier möchte ich Ihnen noch einen kurzen Überblick geben, was es ab dem 25. Dezember noch so zu feiern gäbe. Und warum:

26. Dezember: Stephanitag

Irgendetwas ist seltsam an diesem 26. Dezember. Vielleicht die Tatasche, dass uns da ein Toter vom Christbaum herunterhängt. Oder anders gefragt: Was macht ein zu Tode Gesteinigter am 2. Weihnachtsfeiertag? Sollte uns da nicht das Feiern, wenn schon nicht vergehen, dann wenigstens zum Nachdenken anregen?

Überhaupt ist die Zeit nach dem Heiligabend (also die klassische Weihnachtszeit) ziemlich blutig: Es wird der unschuldigen Kinder am 28. Dezember gedacht, also jenen Armen, die Herodes niedermetzeln ließ. Der 29. Dezember ist der Todes- und Gedenktag von Thomas Becket, jenem Erzbischof von Canterbury und Lordkanzler, dem 1170 in seiner eigenen Kathedrale von vier Rittern im Auftrag des englischen Königs die Schädeldecke abgeschlagen wurde.

Der 26. ist wohl neben dem 8. Dezember am ehesten jener, der von vorchristlichen Ritualen am immunsten zu sein scheint. Der Preis dafür ist aber die völlige Bedeutungslosigkeit seiner Botschaft: das erste Martyrium. Stephanus ist der erste Märtyrer des Christentums. Und dies kam so: Beschrieben wird er in der Apostelgeschichte als streitbarer, charismatisch begabter Mann. Er war sicherlich schon damals von großer Bedeutung. Da sich die 12 Apostel in der Zeit nach Jesu Tod und den ersten Erfolgen nicht um alles kümmern konnten, wurden einige Aufgaben, wie die Versorgung der Witwen und Armen bzw. Waisenkinder an Helfer, sogenannte Diakone, ausgelagert. Stephanus war einer von ihnen. Er war sozusagen der erste Caritasmitarbeiter der Geschichte.

Stephanus musste sich vor dem Hohen Rat der Juden rechtfertigen, dass Jesus gemeint hätte, den Tempel in drei Tagen niederzureißen und jüdische Bräuche zu verändern. Stephanus hält daraufhin eine lange, aber gelehrige Verteidigungsrede und endet damit, dass er „den Himmel offen und den Menschensohn zur Rechten Gottes stehen" sehe. Dieses Bekenntnis sowie seine Kritik am Tempel und dessen Praktiken erzürnte die Priester dermaßen, dass sie Stephanus augenblicklich lynchjustizartig steinigten. Er starb mit den Worten: „Herr, rechne ihnen diese Sünde nicht an." Dies alles trug sich ca. um das Jahr 40 zu.

Mit Stephanus kommt nun ein völlig neuer Typus von verehrungswürdigen Personen: Waren es bisher Heroen, die Schlachten gewannen oder Ungeheuer erschlugen (man denke an die Helden der griechischen Mythologie und an ihre Taten), die verehrt wurden, so ist es nun der Dulder, der Leider, der trotz großer Einschränkungen standhält.

So grausam Stephanus' Schicksal auch ist, so gibt es gleich hier einen Weihnachtsbezug: Gesteinigt wurde er, weil er die Menschwerdung Gottes bezeugt hatte und Jesus im Himmel zur Rechten des Vaters gesehen hat.

Besondere Verehrung genießt er von Passau bis Wien – beide übrigens einige der größten Stephanskirchen. Einen Teil der Stirnschale des Heiligen kann man im Wiener Stephanusdom als Reliquie verehren. Der Stephanitag wird in der griechisch-orthodoxen Kirche am 27. Dezember begangen.

28. Dezember: Tag der Unschuldigen Kinder

An diesem Tag wird der im Matthäus-Evangelium im Auftrag des Herodes ermordeten Kinder gedacht. Spätestens ab dem Jahr 505 ist uns dieses Fest bekannt. Es war früher auch eine Möglichkeit, Kindern Geschenke zu machen. Von der Reformation großflächig abgeschafft, ist es auch heute kein wirklich großer Gedenktag. In einigen Pfarren ist es üblich an diesem Tag eine besondere Kindersegnung zu machen. Bis heute hat sich eher in Kärnten aber das „Schappen" erhalten. Dabei dürfen Kinder den Erwachsenen Glück und Gesundheit wünschen und zwar in Form von Schlägen mit einer Rute auf das Gesäß.

31. Dezember: Silvester

Das hätte sich Papst Silvester wohl nie träumen lassen, dass sein Gedenktag, sein Sterbetag, für Milliarden Menschen ein ganz besonderer Feiertag wird bzw. einen Einschnitt und eine Struktur in ihrem Leben schafft.

Silvester selbst bedeutet soviel wie „Waldbewohner" und er hat deswegen als Heiliger einen eigenen Gedenktag, da er ein nicht unbedeutender Papst der Spätantike war. Denn unter seinem Pontifikat kam es zur Wende in der Christenpolitik des Römischen Reiches. Die Verfolgungen hörten auf und das Verhalten des Staates gegen die Christen wurde toleranter. Silvester selbst wird allerdings noch zur Zeit der Christenverfolgungen unter Kaiser Diokletian geboren bzw. zumindest empfängt er die Priesterweihe zu jener Zeit, trotz erheblicher Repressalien und Verfolgungen. Legenden berichteten von seiner Stadthaftigkeit damals. Am 31. Jänner 314 wird er zum Papst gewählt. Angeblich bekehrte und taufte er Kaiser Konstantin. Durch die Wende in der Politik werden nun zahlreiche Neukirchen in und um Rom gebaut, darunter auch der Vorgängerbau des heutigen Petersdomes.

Theologisch allerdings war Papst Silvester nicht wirklich bedeutend. An den großen Kirchenversammlungen der damaligen Zeit, nämlich Nizäa 325 oder an der Reichssynode von Arles 314, nahm er gar nicht teil. Wohl auch weil die Rolle Roms damals noch relativ gering im Vergleich zu späteren Zeiten war.

Silvester gilt als Patron der Haustiere, für eine gute Ernte und logischerweise auch heute für ein gutes neues Jahr. Denn gestorben ist er am 31. Dezember 335. Großartig sind so manche Bauernregeln wie:
„Silvesternacht düster oder klar, deutet auf ein neues Jahr"
„Wind in St. Silvesters Nacht, hat nie Wein und Korn gebracht"
„Gefriert's an Silvester zu Berg und Tal,
geschieht auch dies zum letzten Mal"

Gefeiert als letzter Tag des Jahres wird der Tag des Silvesters seit dem 17. Jahrhundert. Früher wie heute ist es so ein halber Feiertag. Der Handel ist geöffnet, die meisten Menschen aber bleiben ihrer Arbeit fern. Während heute Weihnachten das Fest der Familie ist, ist Silvester eher das Fest der Freunde. Viele Österreicher verbringen den Abend in kleinen Gruppen und in spielerischer Art und Weise. Dem Fernsehen kommt mit seinem ewig gleichen Programm ein nicht zu unterschätzender Traditionsfaktor zu.

Gerade beim Jahreswechsel haben sich viele Bräuche bis heute erhalten. Was bei den meisten dahintersteckt, ist der Versuch, die Zukunft vorherzusehen und das Glück zu locken bzw. zu zwingen. Glücksbrote oder Glückskuchen, die früher nicht wie sonst aus Roggen, sondern aus einem Milchteil mit Weizenmehl hergestellt wurden, sind etwa ein Beleg dafür. Den Brauch des Nusssilvesterorakels (ein herrliches Wort) kennt heute kaum noch jemand. Hier werden Nüsse nach Jahreszeiten aufgelegt und der Reihe nach geknackt. Der Inhalt entschied, ob es eben eine pralle oder magere Zeit wird.

Der „Gute Rutsch" kommt entweder aus dem Hebräischen und hat mit dem Rutschen im heutigen Sinn wenig zu tun. Es ist vielmehr die Verballhornung des jüdischen Neujahrsfestes Rosh ha shana. Oder es leitet sich aus dem 18. und 19. Jahrhundert her, als „Rutschen" auch soviel wie „Reisen" hieß.

Selbst der bei immer mehr Menschen skeptisch betrachtete Brauch des Knallens (Böller) hat ältere Wurzeln, da auch früher versucht wurde, böse Wintergeister mit Lärm bzw. Schreckschüssen zu vertreiben. Dieses Vertreiben der Wintergeister ist aber auch generell ein Symbol für die Wiedererweckung der Natur und des Lebens. Nun ist der Glaube an Dämonen natürlich noch nicht ausgestorben, er hat sich nur etwas geändert. Aber es sei die Frage gestattet: Was vertreiben die meisten Leute zu Silvester, wenn es keine Dämonen mehr sind? Eigene Ängste, die Angst vor der Stille? Mittlerweile kommt es aber mehr und mehr zu einem Paradigmenwechsel. Einerseits gibt es viele Menschen, die das Böllerschießen aus Tierschutzgründen ablehnen. Viele Hunde, Katzen oder Pferde erleben große Ängste. Und unter dem Motto „Brot statt Böller" wird seit Anfang der 1980er Jahre dazu aufgerufen, den Betrag der für das Feuerwerk vorgesehen wäre, lieber an Menschen in Not zu spenden.

Vor allem das Glück für das kommende Jahr steht am letzten Tag des alten Jahres und am ersten des neuen Jahres im Zentrum. Hier wird sehr gerne deswegen auf Glückssymbole zurückgegriffen. „Schwein gehabt", also das Glücksschwein erklärt sich als Preis bei mittelalterlichen Wettspielen, das Hufeisen wiederum ist als Symbol für das Pferd auch ein Symbol für den Adel und damit für Reichtum. Das vierblättrige Kleeblatt symbolisiert Lebenskraft, allerdings auch das Kreuz sowie die vier Elemente. Das Bleigießen ist wohl aus der griechischen Praxis des Orakelsagens übernommen worden. Es ist ganz verständlich und seit jeher fest im Menschen verankert, über seine Zukunft Bescheid wissen zu wollen und Indizien dafür zu bekommen. Deswegen gibt es eben auch sehr viele Zukunftsbräuche.

Ein weiterer Brauch war es auch früher kurz vor Mitternacht grüne Zweige zu verteilen, um mit diesen Punkt 24 Uhr das alte Jahr aus dem

Haus zu schlagen und zu treiben. Klassische Gerichte an diesem Tag war Erbsensuppe. Heute sind Fischgerichte bzw. der Sauschädel ebenso beliebt wie das Gulasch, das Raclett oder der Plattengrill.

SILVESTER IN STILLE

Nach einer gewissen Hochstimmung zu Weihnachten (wenn alles gut läuft) stellt sich in den wenigen Tagen vor Neujahr nicht selten auch eine gewisse Melancholie ein. Man ist „zwischen den Jahren" und kann Rückschau auf das abgelaufene Jahr halten. Natürlich tauchen hier auch Versäumtes ebenso auf wie Verletzungen und traurige Erlebnisse. Oder es wird uns schmerzhaft bewusst, dass schon wieder ein Jahr vergangen ist und zwar in rasender Geschwindigkeit. Oder es fallen uns die Neujahrsvorsätze des abgelaufenen Jahres wieder ein, was ob unseres alsbaldigen Versagens diesbezüglich nicht gerade zu einer allfälligen Hochstimmung beiträgt.

Ein absoluter Trend ist es in den letzten Jahren geworden, Silvester in Stille zu verbringen und sich dazu etwa in ein Kloster zurückzuziehen. Menschen wollen den Lärm und gerade dem Druck dieser Tage ganz bewusst entsagen und entfliehen und die letzten Tage des Jahres nutzen zur Schau und zur Neujustierung. Denn nicht wenigen wird der Trubel rund um die Weihnachtsfeiertage zu viel und sie wollen wieder ihre Mitte finden. Überwiegen noch die Wellness-Angebote, die man in Anspruch nimmt für den Körper, aber gewissermaßen ist der Aufenthalt im Kloster ja Wellness für die Seele. Freilich ist eine Einkehr ins Kloster natürlich das ganze Jahr möglich, um mit der jeweiligen Gemeinschaft im ganz festen Tagesrhythmus zu leben, zu beten, zu arbeiten und in sich zu gehen.

1. Jänner: Neujahr und Maria

Der Jänner geht namentlich auf den römischen Gott Janus zurück. Er ist der Gott des Anfangs und vor allem dadurch gekennzeichnet, dass er doppelgesichtig ist. Positiv gedeutet heißt das für den Jahresanfang, dass er noch einmal zurückschauend inne hält, gleichzeitig aber schon ins neue Jahr nach vor blickt. Wer übrigens am Neujahrsmorgen mit dem linken Fuß zuerst aufsteht, hat mit Pech das ganze Jahr über zu rechnen. Die heute beliebtesten Bräuche in unseren Breiten sind vor allem das Fernsehen: Das Neujahrskonzert gefolgt vom Neujahrsspringen in Garmisch-Partenkirchen erfreuen sich an diesem Katertag einer großen Beliebtheit und erzielen Jahr für Jahr top Einschaltquoten.

Der 1. Jänner markiert freilich nicht überall den Anfang eines neuen Jahres. Dies ist von Kultur zu Kultur unterschiedlich. So beginnt das chinesische Jahr nach dem Lunisolarkalender zwischen 21. Jänner und 21. Februar. Oder das jüdische Jahr beginnt mit dem Monat Nissan, der am ersten Tag des neuen Mondes nach der Tages- und Nachtgleiche gefeiert wird, also etwa März oder April.

Liturgisch gesehen wurde dieser Tag seit dem Zweiten Vatikanischen Konzil zum Hochfest der Gottesmutter Maria gemacht und zusätzlich wird dabei auch noch der Beschneidung Jesu gedacht.

Anfang Jänner: Die Sternsinger

In ganz Österreich sind ca. 85.000 Mädchen und Burschen unterwegs – die meisten davon aus der Katholischen Jungschar. In der Diözese St. Pölten sind es rund 12.500 Sternsinger. Gegangen wird meistens zwischen 27. Dezember und 6. Jänner und dabei werden österreichweit an die 420.000 Kilometer zurückgelegt – damit kann man übrigens zehnmal den Erdball umrunden.

Die Wurzeln des Sternsingens liegen wohl bei den mittelalterlichen Dreikönigsspielen, die seit der Überführung der Gebeine der Heiligen Drei Könige nach Köln sehr beliebt waren. Verschiedene religiöse Szenen und eben auch jene rund um die Geburt Christi wurden gerne dramaturgisch dargestellt. Ab etwa dem 16. Jahrhundert waren es Schüler, Studenten und Handwerksburschen, die damit etwas zusätzlich verdienen wollten. Dieser sogenannte „Heischebrauch" (der in vielen Ländern üblich war/ist) bildet die Basis für das heutige Sternsingen. Man sang dann als Sterndeuter verkleidet für eine monetäre oder hochprozentige Spende von der Frohen Botschaft. Auch Soldaten sollen dies gemacht haben. Ob hier die Spende allerdings immer freiwillig war, kann ich mir nicht ganz vorstellen.

In Salzburg ist das Sternsingen auch schon für das 16. Jahrhundert belegt und verbreitete sich vor allem im Zuge der Gegenreformation als Stärkung des Dreikönigsfestes, von dem Protestanten ja keine allzu hohe Meinung hatten.

Nach dem Zweiten Weltkrieg war es die Katholische Jungschar, die diesen Brauch übernahm und neu akzentuierte. In der Jänner-Ausgabe des Stephanus aus dem Jahr 1955 heißt es: „Buben und Mädel tut euer Bestes, dass unser Missionar bald sein Motorrad bekommt." Und so starteten die ersten Sternsinger-Aktionen. Diese waren tatsächlich ein großer Erfolg, so dass die Katholische Jungschar eine immer größer werdende Verantwortung im Umgang mit den immer größer werdenden Spendengeldern erhielt.

Nun war die Jungschar in ihrer ursprünglichen Ausrichtung nicht auf Missions- oder Entwicklungshilfe spezialisiert und so musste man sich erst Leitlinien überlegen, was mit dem Geld in weiterer Folge geschehen sollte. 1958 wurde stolz die erste Million Schilling ersungen (für die Nachkriegszeit eine stattliche Summe), 1965 bereits 10 Millionen. Da wundert es nicht, dass die Spenden weit über Motorräder für Missionare hinausgingen. Sehr schnell sprach sich spätestens in den 60er Jahren herum, dass die Jungschar eine verlässliche Geldquelle war und so landeten zahlreiche Bittbriefe beim Jungschar-Zentralsekretär. In weiterer Folge musste sich die Jungschar also um die Auswahl, um die Begutachtung und Durchführung der Projekte zusätzlich zum Spendensammeln kümmern. Dies war nicht ganz ohne Risiko, denn in den ersten Jahrzehnten beruhte die Missionshilfe in erster Linie auf dem persönlichen Vertrauen zu den Leuten vor Ort in der Dritten Welt.

Mittlerweile kann man heute von einer absoluten Professionalisierung der Sternsingeraktion ausgehen. Die sogenannte Dreikönigsaktion ist ein stabiles Hilfswerk und ein Garant dafür, dass die Projektpartner in der Dritten Welt nicht nur einmalige Spenden bekommen, sondern es wird auf Nachhaltigkeit Wert gelegt. Im Jahr 2016 wurden 812 Ansuchen bearbeitet und es gab insgesamt 535 Projekte für die 14.140.000 Euro aufgetrieben werden konnten. Noch 1986 betrug die Summe nicht einmal ganz 5 Millionen Euro, bei 196 Projekten.

Seit 1955 gibt es die Aktion in fast 3.000 Pfarren in Österreich, womit 500 Hilfsprojekte in Lateinamerika, Asien und Afrika unterstützt werden. 2018 waren es genau 17.460.359,13 Euro, die ersungen wurden, was ein sattes Plus von 2,12 % bedeutet. Seit dem Beginn der Aktion sind es 435 Millionen Euro, die für viele gute Zwecke gesammelt wurden. Unterwegs waren in diesem Zeitraum 4 Millionen Menschen.

Ich war schon mehrmals konfrontiert mit dem infamen Argument, die Sternsinger würden eigentlich nur Dinge erbetteln und es müsste dieser Brauch im Zuge eines allfälligen Bettelverbots eigentlich aus dem Verkehr gezogen werden. Betteln die Sternsinger? Unterscheidet sie etwas von Bettlern? Die Antwort ist klar und umso hoffnungsvoller. Keiner der 85.000 Burschen und Mädchen sammelt für sich selbst und behält auch nur einen Cent davon. Sie stapfen bei Minusgraden mindestens einen ganzen Tag lang durch die Landschaft, können sich immer wieder mal sogar beschimpfen lassen und werden allzu oft an Haustüren abgewiesen. Und das alles für Projekte in der Dritten Welt, also für einen eindeutig guten Zweck, von dem die Kinder nichts haben außer dem Gefühl, etwas Gutes getan zu haben. Sich dann anhören zu müssen, dass man betteln würde, ist meiner Meinung nach pervers. Der pädagogische Nutzen dieser Sternsingeraktion hingegen ist über alle Maßen wertvoll: sich für andere engagieren, vor allem für jene, die man nicht einmal persönlich kennt oder jemals sehen wird. Es ist für mich daher immer wieder erbauend, wenn ich sehe, wie viele junge Menschen sich Jahr für Jahr in den Dienst dieser Sache stellen. Diese Dreikönigsaktion der Jungschar ist die erfolgreichste Spendensammlung Österreichs. So ein Glück.

Warum sich so viele junge Menschen immer wieder für die Sternsingerei engagieren? Bei manchen ist es vielleicht eine Ehre, diese lange Tradition vorzuführen aber freilich auch, weil man durchaus fürstlich entlohnt werden kann. Damit meine ich kein Geld, denn dieses geht wie gesagt einzig und alleine an die Dreikönigsaktion, sondern Naschereien. Allfällige Probleme bei der Intonation von Sternsinger-Liedern oder patersch rezitierte Sprüche gehören ebenso dazu und haben eine lange und durchaus liebenswerte Tradition. Und mittlerweile kann man sogar sagen, dass die Sternsingeraktion sogar für die Integration von Vorteil ist, denn auch einige nicht katholische Kinder sind immer wieder mit von der heiligen Partie.

C+M+B

Mit gesegneter Kreide bringt der Begleiter am Türstock einen Segensspruch an. Die Segnung des Hauses um böse Geister abzuhalten, gibt es in vielen Kulturen und zu vielen Zeiten.

Bekanntlich steht das berühmte C+M+B nicht für eine Abkürzung für die Königsnamen Caspar, Melchior und Balthasar, sondern ist jene für den lateinischen Spruch „Christus mansionem benedicat", also „Christus segne dieses Haus".

Was die Schreibweise angelangt, gibt es natürlich regionale Unterschiede. So gibt es in Niederösterreich meist folgende Möglichkeiten:
20 C+M+B 19
20-C+M+B-19
20+C+M+B+19
20*C+M+B+19
Und ein + über dem „M" hat sich vielerorts auch eingebürgert. Wenn Sternsinger bei Ihnen drei Kreuze anbringen, so stehen diese für die Dreifaltigkeit. Und sollten sie irgendwo einen Acker haben, so lotsen Sie die Sternsinger über diesen, denn dann soll dieser doppelte Ernte tragen.

6. Jänner: Epiphanie oder „Erscheinung des Herrn"

In der Nacht vom 5. auf den 6. Januar wurde die Geburt des Gottes Aion gefeiert, der von Kore (bzw. Persephone) jungfräulich zur Welt gebracht wurde. Zumindest für Alexandria wissen wir für das Ende des 4. Jahrhunderts von so einem Kult. Der eigentliche Name des Festes ist „Epiphanie" bzw. „Epiphanias", also die Erscheinung des Herrn. Im 4. Jahrhundert wird es zusammengelegt mit dem Fest der Magier aus dem Osten. Eigentlich geht es an Epiphanias, also Erscheinung des Herrn, gar nicht so sehr um die Heiligen Drei Könige. Vielmehr wird hier, wie der Name von „epiphaneia" ja schon vermuten lässt, Gottes Sichtbar-werden in der Welt besonders gedacht. Daher kann dieses Fest auch nicht von der Geburt Christi getrennt werden. Es ist nicht übertrieben zu sagen, dass am 6. Jänner ein zweites Mal Weihnachten begangen wird, womit man sich in Verbundenheit mit vielen orthodoxen Christen weiß. Sinn dieser Gottesoffenbarung ist es aber vor allem, die Menschen selbst zu motivieren und zur Bewegung auf andere aufzurufen. So wie die Hirten im Lukasevangelium und die Magier im Matthäusevangelium. Und so wie z. B. 85.000 Sternsinger in Österreich.

2. Februar: Mariä Lichtmess oder Darstellung des Herrn

Der lateinische Titel lautet „Praesentatio Jesu in Templo" und dieser Tag steht für das Ende der Weihnachtszeit, aber auch für den Beginn eines bäuerlichen Arbeitsjahres. Nicht zufällig sind es genau 40 Tage seit der Geburt Christi. Die offizielle Bezeichnung „Darstellung des Herrn" geht auf einen Brauch zurück, den Erstgeborenen, der Jesus ja wohl war, aus dem „Eigentum" Gottes aus dem Tempel wieder zurückzukaufen. Der Evangelist Lukas berichtet uns von Simeon, einem alten Israeliten, der dort im Tempel auf den Messias wartet und ihn gemeinsam mit der Prophetin Hanna im kleinen Jesus erkennt. Er bezeichnet Jesus als „Licht der Welt", woher auch der Name Mariä Lichtmess kommt. Allerdings prophezeit er Maria auch, dass ihr Sohn bzw. sein Schicksal ihr großen Kummer und Schmerz bereiten werde. Der Name des Festes geht ebenso auf Lichterprozessionen zurück, die in den Kirchen begangen wurden. Passend dazu kam es auch zu Kerzenweihen, die eine beschützende Funktion das ganze Jahr über hatten. So konnte man sie bei schweren Unwettern anzünden und hoffen/beten, dass alles gut geht.

Hintergrund, vor allem der erwähnten 40 Tage nach der Geburt, ist aber auch die etwas eigenwillige jüdische kultische Wiedereingliederung der Frau nach der Geburt eines Kindes. Wird ein Sohn geboren, ist die Frau sieben Tage lang unrein, dann folgt die Beschneidung. Nach weiteren 33 Tagen im „Reinigungszustand" soll sie ein Schaf und eine Taube als Brandopfer darbringen. Der Priester, der opfert soll die Versöhnung erwirken. Bringt die Frau ein Mädchen zur Welt, sind es übrigens zwei Wochen der Unreinheit, gefolgt von 66 Tagen im Reinigungszustand – also doppelt so lange, 80 Tage insgesamt.

Mit der Liturgiereform des Zweiten Vatikanischen Konzils gilt aber die Taufe des Herrn, also jener Sonntag nach dem 6. Jänner, als Ende der Weihnachtszeit. Traditionell werden dabei Krippen und Christbäume verstaut und entsorgt. In den meisten österreichischen Haushalten wird dies allerdings rund um den 6. Jänner bereits gemacht. Eigentlich paradox: Die ersten Vorboten von Weihnachten begegnen uns schon im Herbst, Monate vor dem eigentlichen Fest – niemand kommt dem vorweihnachtlichen Trubel spätestens ab Mitte November aus. Am anderen Ende der Skala gibt es nahezu niemanden, der 5 Wochen nach Weihnachten zu Mariä Lichtmess noch an Weihnachten denkt und z. B. einen Christbaum bis dahin stehen hat. Denn spätestens zu Dreikönig ist Schluss mit Weihnachten, schließlich steht ja auch der Fasching bald vor der Türe.

Spätestens an diesem Tag endeten an Bauernhöfen die Dienstverhältnisse von Knechten und Mägden. Mariä Lichtmess markierte den Wechsel der Dienstboten zum nächsten Bauernhof. Gerade auch deswegen ist an diesem Tag ein spezielles Brauchtum verankert: Das Verkaufen jener Gegenstände, die man am neuen Hof als Gesinde nicht unterbringen konnte (das „Schlenkern" bis zur Segnung von Tieren und Kerzen). Nun wurden aber auch die Löhne ausbezahlt, die nicht nur einmal bereits am 5. Februar wieder ausgegeben waren. Ein Löffel auf dem Hut bedeutete in dieser bäuerlichen Welt, dass man auf der Suche nach einem neuen Arbeitgeber war. Durfte man dorthin seine Kleintiere nicht mitnehmen, so wurden sie auf einem großen Tiermarkt verkauft. Am 3. Februar holte man sich nicht nur den Segen des Heiligen Blasius gegen Halskrankheiten, sondern ging auch gegebenenfalls zum neuen Dienstherrn. Apropos Bauern: Eine beliebte Bauernregel zu diesem Tag lautete: „Lichtmess im Klee, Ostern im Schnee."